# 斯坦福社会创新评论 11

Stanford SOCIAL INNOVATION Review

《斯坦福社会创新评论》中文版编辑部 / 著

李凡 等 / 译

中信出版集团 | 北京

**图书在版编目（CIP）数据**

斯坦福社会创新评论.11 / 《斯坦福社会创新评论》中文版编辑部著；李凡等译. -- 北京：中信出版社，2021.12

书名原文：Stanford Social Innovation Review

ISBN 978-7-5217-3649-6

Ⅰ. ①斯… Ⅱ. ①斯… ②李… Ⅲ. ①企业创新－研究 Ⅳ. ①F273.1

中国版本图书馆CIP数据核字(2021)第229297号

**斯坦福社会创新评论 11**

著　　者：《斯坦福社会创新评论》中文版编辑部
译　　者：李凡　等
出版发行：中信出版集团股份有限公司
（北京市朝阳区惠新东街甲4号富盛大厦2座　邮编　100029）
承 印 者：中国电影出版社印刷厂

开　　本：787mm × 1092mm　1/16　　印　　张：13.75　　字　　数：165千字
版　　次：2021年12月第1版　　印　　次：2021年12月第1次印刷
书　　号：ISBN 978-7-5217-3649-6
定　　价：78.00元

《斯坦福社会创新评论》英文版指导和激励来自世界各地的社会各个部门(非营利组织、企业和政府)的数百万社会变革领袖。通过在线研讨会、会议、杂志、在线文章、播客等,《斯坦福社会创新评论》探讨涉及各类主题的研究、理论和实践,包括人权、影响力投资和非营利组织的商业模式。《斯坦福社会创新评论》由斯坦福大学 PACS 中心出版。

## 关于斯坦福大学 PACS 中心

## 《斯坦福社会创新评论》中文版出版方：北京乐平公益基金会

## 关于北京乐平公益基金会

作为社会创新与共益经济的先行探索者和生态系统建设者，乐平致力于共建一个包容发展的社会，与真切关心社会发展的人，共同创建解决社会问题的生态环境。

扫码入群，有机会获赠下一期《斯坦福社会创新评论》

## 《斯坦福社会创新评论》中文版学术合作机构：清华大学中国社会创新与现当代史研究中心

清华大学中国社会创新与现当代史研究中心成立于 2016 年，是清华大学以中国社会创新发展及现当代史、教育为主要研究对象的跨院系研究教育机构，由清华大学人文学院和北京乐平公益基金会作为发起单位共同设立。中心的宗旨是促进中国现当代史，特别是改革开放以来历史的学术研究，以及创新思维和方法在社会发展中的应用，从而为推动社会发展与社会变革提供理论和实践依据。

## 《斯坦福社会创新评论》中文版出版手记

# 这个世界会好吗?

20世纪90年代以来，随着历史终结论的轻易被击穿和全球化的席卷，文明冲突、贫富差距、环境挑战、技术变革，似乎在信息时代各种矛盾更加突出。中国在这样的背景下成长为世界第二大经济体，也就面临国内、国际的双重挑战。机会和出路在哪里?

回答这个问题的可以是一种判断和理由，更可以是一种信仰和行动。

2004年，《如何改变世界》出版，作者戴维·伯恩斯坦在书中记录了几十位社会创新变革者（他称为“社会企业家”）的工作。这本书很快在包括中国在内的全球二十多个国家翻译出版。这本书为什么如此风行?因为有关社会企业家的工作，我们听说的不多。新闻往往聚焦于问题，而不是解决的方法，尤其是具备巨大勇气开始前期探索的那些人。人们集中看到一批创新的社会问题解决者：他们不漠然，不自设桎梏，相信所处社群的潜力，有不懈的努力和不断生长的创造力；他们创造了面对低收入人群的小额贷款服务并成功规模化，使世界级设计学院的发展方向变为服务所有人群，使健康生态农业扎根全球并形成公平贸易网络，发起了“共益企业运动”使得全球的企业家和投资人重新思考怎样才是“好公司”……当一批这样的社会企业家群像和他们的成就集中展现的时候，世界看到了信仰和行动的力量与新的出路。

2003年，《斯坦福社会创新评论》在斯坦福大学开始出版。所谓“聚精微，成浩瀚”，如同《哈佛商业评论》在商业创新中对一线企业领导者战略思维与创新能力的巨大激发一样，《斯坦福社会创新评论》在过去十五年卓有成效地推动了一线社会企业家的思想与行动领导力的发展。社会创新领域大部分的重要实践真知与概念，譬如设计思维、集合影响力、规模化路径等都在《斯坦福社会创新评论》中首次或总结性提出。可以说，这是社会创新领域先行者的知识宝库。历经四十年的改革开放，中国不仅在经济发展上取得举世瞩目的成就，更积累了可观的社会发展潜力。以促进社会和谐与创新为主要使命的各类基金会已达7000余家，以慈善法颁布为标志，慈善信托等新的社会创新资源正源源进入。同时，共益企业等跨界创新力量正萌芽蓄势，新一代社会企业家将和他们的社群支持者共同成为应对各类社会问题挑战的创新先行者。在新形势下，如何高效引进与创造社会创新知识，为新一代社会企业家提供知识资源和分享经验也成为当务之急。

乐平基金会始终致力于通过知识创新、人才与资本市场创新推动社会创新，建设包容发展的社会。2017年，在多年成功投资、培育中国本土的社会企业和社会企业家的基础上，我们成立了“乐见工作室”，旨在通过研究出版和社交媒体等方面的投入，能更好地把全球社会创新领域的新进展介绍到中国，协助构建中国社会创新的知识体系和跨界创新社群。乐平基金会与《斯坦福社会创新评论》的出版合作是其中的重头，从2017年春季刊开始，乐平基金会作为《斯坦福社会创新评论》中文版的出版人，不仅将逐步每季同步出版，同时还将在未来三年出版“斯坦福社会创新评论”精选集系列。我们的中文版不仅有原文译介，更会逐步培养中文作者，更好地与中国的社会创新共同成长。

乐见工作室的出版工程，是一个开放创造的形态，我们只是适逢其会，先行一步。要真正做好这项知识创造与分享工作，更需社会创新领域内外的各位贤达新锐不吝赐教，共同探索前行。期待年年共同有长足进步。

这个世界会好的。

**北京乐平公益基金会首席执行官／秘书长**

**沈东曙**

**2017年7月于北京朝阳公园**

# 目 录
Contents

## 中文版 11 期导言

多方协同合作，让社会组织释放更多活力 1

## 专题文章

改变系统？你需要“慢”下来 5

点评 实现系统性变革，深刻认知问题是前提 26

不要只停留在“集合影响力” 29

集合影响力塑造了我们思考和谈论解决系统性社会问题的方式。不过，集合影响力概念是否过于笼统而让社区和合作联盟无所适从？如何更好地描述各类联盟合作运转的有效模式？如何说清楚个中差异？本文对这些问题做出了回答。

点评 社区系统解困框架的实用性 45

点评 集合影响力：从孤立的影响力到大规模的跨部门协作 48

点评 在中国的治理情境和合作框架下建立起跨部门联盟 52

愿景式沟通 55

一种与目标受众构建身份认同，让组织使命与公众的个人理想相联系的品牌传播策略。

点评 如何有效改变态度，激发公众参与感 80

以慈善资金重建衰落的社区新闻业 83

市场失灵正在摧毁高质量的新闻报道，这需要慈善事业介入来寻找新的解决方案，就像过去对博物馆、图书馆和其他文化机构所做的那样。

点评 山东曹县梗火了，地方媒体能借力转型吗 103

## 案例研究

**力图改变非洲的哈拉比企业家联盟** 105

哈拉比企业家联盟（Harambe Entrepreneur Alliance）认为，商业才是消除非洲大陆贫困的关键所在，而不是援助。但是，建立在共同身份认同之上的善意是否足以释放非洲的潜能呢?

## 最佳实践

**女性专用公交车的涟漪效应** 131

巴布亚新几内亚的女性专用交通方案用一种新颖的方式回应了当地的性别暴力问题，挑战了有关性别的社会规范，并有效增进了女性权益。

**为监狱里的精神障碍患者提供更好的去处** 139

向上计划（The Stepping Up Initiative，SUI）利用网络研讨会、工具包和数据收集来应对美国每年约 200 万严重精神障碍患者入狱的问题。

**BCe2：从溪水再度清澈，到社区焕发活力** 146

美国印第安纳州南本德市的实习生首次合作，协助修复一条受污染的社区水道。该项目后来激发出了更大的改变。

## 新方法

**回收塑料能抵扣学费** 158

一个利好农民的生态信用市场 160

五项优先领域的政府福利预算 162

自动素食售货机 164

## 观点荟萃

如何看待慈善事业中的风险 166

个人投资和基金会投资的主要区别在于，前者为个人消费提供资金，而后者为提高他人生活福祉提供资金。在这两种不同的情况下，收益和风险的相对重要性是不同的。

建设可持续发展领域不能太心急 173

为了壮大推动联合国可持续发展目标的工作队伍，各基金会应该重拾几十年前所依赖的、更有耐心的方法。

让公民监督政府合同 180

通过了解政府合同对日常生活的影响，公民更加意识到透明度和问责制的必要性。

艺术家进驻地方政府能帮助创新 186

艺术家能通过有创造力的方法解决问题，并且能够创造更具创造性的环境。“地方政府艺术家驻地计划”可以作为一种工具，去发掘艺术家适用于公共部门的技能。

## 研究速览

反思“女不如男”背后的社会建构 192

可转化的草根倡导 193

## 新书架

**从《利益相关者社会》到《公共选择》：**
**公有基础设施能为社会提供更广泛公平**　　194

在加内什·西塔拉曼（Ganesh Sitaraman）和安妮·阿尔斯托特（Anne L. Alstott）的新书中，他们将图书馆、邮局、公交地铁等公共交通都视为一种公共机构模式，认为上述服务的公有化版本可与市场化版本一同蓬勃发展，并为社会提供相较于私营部门本身而言更为广泛和公平的预期收益。

**如何评价和管理社会变革的成效**　　201

阿尔诺·艾布拉西姆（Alnoor Ebrahim）的《测量社会变革》（*Measuring Social Change*）一书为在社会部门工作的领导者们提供了评价和管理组织成效的新框架。

## 中文版 11 期导言

# 多方协同合作，让社会组织释放更多活力

《斯坦福社会创新评论》中文版第十一期出版了，在过去的一段时间，新型冠状病毒肺炎疫情依旧肆虐在世界各地，连原本抗疫有成的国家（如印度、越南）也都纷纷沦陷。世界局势的发展更是瞬息万变，往往几日间，仇敌变为朋友，朋友反目成仇。如今，人类社会可以让“祝融”降临火星，让“天宫”环绕地球，然而许多棘手的问题还是跟千百年前并无两样，其中就包括组织力不足和组织形态单向性的问题。

许多社会问题都可以归结为这种组织现象的延伸。不过，现代社会分化倾向更为明显，隔行如隔山的现象出现在学术界，也出现在社会的各个领域。然而，现代社会的种种新问题往往又是高度复杂和复合的，例如我们在写作这篇导言时，云南西双版纳的野生亚洲象家族正在“一路‘象’北走”，这个高度复杂、复合的事件，政府或社会上任何一个单位都难以单独处理，需要生态学家、环境部门、农业部门、安全部门和生态保育组织等的多方面合作与协同。

现代社会对多方面协同合作的需求是本期《斯坦福社会创新评论》的主题。过去几年里，以美国为主的西方非营利学界也面对着相似的问题，即单一非营利组织力量过小、资源过窄、影响力过小。特别是当非营利的市场上充斥着大量相似的团体时，资源供给有限，反而造成了大家重复做一件事的资源浪费问题。

第一篇专题文章《改变系统？你需要“慢”下来》讨论了慢运动（slow movement）对非营利组织的好处，斯坦福大学全球创新影响力实验室的克里斯蒂安·西罗斯教授基于过去对于系统性变革的研究提出了关于社会系统的三个架构，而达到这三个架构交织的改变即在于缓慢的提升与改善，非营利组织往往在资源和时间的双重约束下，变成“急组织”，赶申请，赶项目，赶截止日期，赶成果，作者建议不妨放慢脚步，这往往能让

组织看见原本看不到的风景。

第二篇专题文章《不要只停留在“集合影响力”》由在肯塔基大学传播与信息学院任教的王琮教授与另外两位作者合写，讨论了如何通过社群（community）的方式扩大非营利组织的集合影响力（collective impact），以及在对既有关于集合影响力话语体系与模式过度依赖的情况下，如何让非营利组织愿意走出组织的舒适区来建立战略性伙伴关系。在非营利组织发达的美国社会，地方性小型组织的生存压力大，与其他组织合作，无论是非营利组织或是商业公司，这对它们来说似乎是最佳选择。然而非营利组织间的实际合作程度（从简单的业务性合作到联盟关系）并没有想象中那么高，王琮教授的文章提供了基于美国社会的思考。

第三篇专题文章《愿景式沟通》则讨论了一个比较老的组织问题，即如何在组织中通过作者所谓的“愿景式沟通”解决组织内部的激励问题，使不同利益相关方达成共识，进而推动态度与行为的改变。非营利组织由于资源有限，更加仰赖非物质性的报酬，作者所提虽然并非全新，但叙述诚恳，值得组织领导人一看。

第四篇专题文章《以慈善资金重建衰落的社区新闻业》，讨论了美国地方和社区新闻媒体的没落，在传统大报和新的数字媒体的夹击下，地方与社区小报生存空间越来越小，然而草根媒体正在尝试与地方非营利组织进行更多的合作。国内的媒体环境与国外大不相同，不过基于社区的媒体在非营利组织计划落地时，往往能发挥巨大作用，此篇文章也有可借鉴之处。

从本期开始，为了让中文版《斯坦福社会创新评论》更好地与国内相关实践和研究对接，我们强化了国内研究者的点评角色，同时也扩大了点评人的多样性。除了业内或学界的知名人士，我们还邀请了国内高校相关专业的青年研究者参与点评的工作，这么做是基于如下考量：随着国内非营利和相关领域（如社会企业以及企业内的慈善需求岗位）的不断成长，培养帮助更多的年轻非营利工作者和研究者是刊物的重要任务。国外的研究和实践直接拿来套用在国内的社会脉络下，往往会让读者有疏离的感觉。点评人能扮演中间转译者的角色，通过他们的点评，我们希望读者不只是记住了一些时髦的新单词和陌生的团体名称，而且能具体理解到人类社会具有的共性和面对的共同困境，进而产生同理心，并与中国情境进行对照、加深认识。我们特别请点评人在点评时不要只是像写论文笔记般摘抄文章内容，而是将文章主旨具体地连接到自身的研究或实践上。

本期的点评人一共有6位，南京大学商学院姜嬿副教授点评了西罗斯教授的文章，并指出对复杂问题的认知，影响了解决问题的耐心与方案的深度，进而影响最终解决问题的效果。肯塔基大学的王瑢助理教授接受了编辑部的邀请，对自己的文章进行了点评。王教授在点评中强调了跨部门合作对创新的重要性，并且以美国为对照讨论了中国非营利组织实践的一些特殊性。中山大学管理学院的尹珏林副教授也点评了王教授的集合影响力一文，尹教授的点评更多放在国内已有的非营利跨部门合作项目和组织联盟上，同时尹教授的点评也提醒我们跨部门合作对于推动集合影响力固然有好处，也不能忽视其所面临的根本性挑战。

中央民族大学管理学院博士生杨琳从基层社会治理的角度参与了集合影响力的讨论，她提出在中国的制度环境下，政府、商业和民间组织的良好互动是扩大集合影响力的关键因素。中国传媒大学的宋芹博士点评了《愿景式沟通》一文，她提到了在讨论愿景式沟通时，必须把文化因素带进来，而不只是个人主义式的鼓舞和说服。最后，中国传媒大学的宋奇博士从新闻传播专业的角度点评了《以慈善资金重建衰落的社区新闻业》这篇文章，指出了中国和美国的相似之处与相异之处，然而媒体对两者的非营利领域都十分重要。

除了主题文章外，本期的其他文章也十分精彩，我们希望读者能喜欢这一期《斯坦福社会创新评论》的内容，并肯定编辑部希望让这本刊物更接地气的努力。

# 改变系统？你需要“慢”下来[①]

作者：克里斯蒂安·西罗斯（Christian Seelos）
插图：埃里克斯·基斯林（Alex Kiesling）
译校：曹晶璐、王润琼

这个世界上没有鲁滨孙。我们都过着与他人联系紧密的生活。我们身处家庭、社群、组织、交通、教育、政治、卫生等系统之中。虽然这是显而易见的，但直到最近，许多慈善组织才开始在工作中接受明确的系统观。但接纳系统观到底意味着什么？

系统工作旨在通过对问题所在的系统进行实质性和持久性的改变来解决社会问题。要改变一个系统，就必须了解并改变构成这些系统的因果循环。[1]

这是项艰苦的工作。改变系统没有魔法，不能靠挥舞一下魔杖便实现。但是，系统观益处极大。对系统架构进行更深入的思考，可以使我们尽量避免过早确定和实施无效的或可能使情况恶化的解决方案。这样，我们就可以更有效地利用资源。我们更加现实地估计解决问题所需要的时间，更加谦虚和主动地去探索和学习，而不是根据我们以为自身具备的现有知识、技术和战略的优势来做决定。

系统工作为各组织提供了重新思考其方法和改变其态度的机会。领导人可能依此更有力地倡导对地方和社区的长期投入，而不是用西方慈善组织那种令人疲惫不堪的“空降”式的做法。系统工作不是“解决方案”本身，而是为了发现和引导当地的变革之路，其速度要与我们的学习能力适配，并利于当地社群实施和吸收。在下文中，我将为希望采用系统观来提高慈善工作有效性的组织描画出一些实用路线。

---

① 原文选自 *Stanford Social Innovation Review*, Winter 2020 Issue, 原标题为 Changing Systems？ Welcome to the Slow Movement。

## 绪论：系统思维

慈善领域的实践者可能对系统思维津津乐道，但这也会暴露对系统、系统观和客观性的误解。首先，界定社会系统的边界通常是不可能的。我们常把系统视为互相关联的整体，当这样做时，我们最终很容易放大到宇宙：一切都以某种方式联系在一起。任何问题背景都会受到其他问题、情境和系统的影响并与之相关，因此，我们的探究扩大了问题的生态和定义，用社会科学家维尔纳·乌尔里希（Werner Ulrich）的话说，“到了可能包含上帝和世界的地步”[2]。因此这并不是一种非常实用的方法。那么，系统思维的实践就需要设定边界，这边界不仅由所讨论问题的背景决定，而且由我们的利益和需求决定。

在另一个关于对系统的误解的例子中，实践者倾向于用复杂的系统图“客观”地模拟系统。但是，人类对同一系统的经验解释差异很大，他们改变或维持现状的动机也是如此。最终，我们无法绘制任何一个客观的系统或现实。系统图可以极大地帮助各群体表达不同的观点和模拟假设，但如果系统图的视觉复杂度让人们产生了（对事实）了如指掌的感觉，从而助长了天真的过度自信的话，那么系统图的作用就不大了。对于那些没有经验的人来说，这种图表的复杂性可能会让他们不知所措。2009 年，美国将军斯坦利·A. 麦克里斯特尔（Stanley A. McChrystal）看到一张复杂的阿富汗社会状况系统图时说了一句名言：“当有一天理解了那张幻灯片，我们就赢得了战争。”[3]

相反，有用的系统观能反映出人们对情境、问题以及可以和应该对它们做什么的多种解释。给“系统在现实世界中是客观存在的”这一假设松绑是向前迈出的一大步。用系统的方式思考社会问题会带来进步，这种方式让我们不会囿于自己的偏见。著名系统思想家 C. 韦斯特·丘奇曼（C. West Churchman）说："当你通过他人的眼睛看世界时，你就是在使用系统观了。"[4]

这些关于系统思维的误解早已存在，系统观在 20 世纪经历了一个动荡的历程。[5] 由于科学家们对传统分析方法和做法的缺点感到失望，所以他们采用了系统观。不幸的是，系统科学的现状令人不安。研究工作已经开枝散叶，成为各种难以协调的不同分支。研究观点是在相互孤立的情况下发展起来的，并且研究结果很难转化为实践。早在 50 年前，著名的系统先驱、奥地利生物学家路德维希·冯·贝塔朗菲（Ludwig Von Bertalanffy）就对系统实践的状况表示了失望：

"如果有人分析当前的概念和流行语，就会发现'系统'高居榜首。这个概念已经渗透到了所有的科学领域，还渗透到了大众思维、行业术语和大众媒体当中。近年来甚至出现了一些叫作系统设计、系统分析、系统工程等的专业和工作。这些专业的从业者是我们这个时代的'新乌托邦主义者'，他们正在努力创造一个'新世界'，不知这是一种勇敢的表现还是什么别的。"[6]

考虑到目前慈善领域对系统方法的热衷，这样的评价应该作为一种警示。鉴于系统研究的现状，人们不禁要问，让各个组织能够兑现系统变革承诺的知识基础是什么？

为了将系统观建立在有背景知识的基础上，一些系统思想家提出，根据系统的特点，不同的系统需要不同类型的系统观和工作。[7] 这是否是一种有益于实践的观点呢？我们可以先来看看现有系统观类型的分类。

## 四种系统观

大多数系统思想家和实践者在慈善事业中使用“系统”一词时，会给出两种常见的区分。第一种区分是硬性系统对软性 / 批判性系统。这种区分标志着他们所持的假设和看待系统的方式有所区别。

- 硬性系统的观点将系统视为具有确定边界的真实实体。为实现确定的目标，我们可以客观地分析这些实体，并利用现有的知识和技术对其进行改进。硬性系统的观点力求在特定的维度上提高系统的性能。强大的参与者联盟会为系统提供外部资源和解决方案。
- 软性 / 批判性系统的观点将系统看作人们思考和反思自身对社会情境和问题的主观认识的方式。这种观点试图探索（社会情境中人们）目的、权力和话语权方面的差异，对什么是改进的看法方面的差异，以及在评估解决方案的适当性方面的差异。软性 / 批判性系统的观点试图促成一种关于社会进步的探究，探索社会进步的动机和达成进步的可行方式。即使是个人或小型组织，也可以调动当地资源，与系统进行改进。

第二种区分是设计系统对原生系统。

- 设计系统指的是为服务于某一特定目的而配置的实体。例如工作组、组织、包含法律、卫生和教育系统在内的职能系统，以及治理机制。

- 原生系统指的是社会集群，是那些占据社会或地理空间，并由于非正式的社会和历史进程而相互联系的人群。例如家庭、社区、部落、村庄和社会。

我们可以将这些区别绘制在一张四分图上，列出四种系统原型（并附上实例）：硬设计型、硬原生型、软/批判设计型、软/批判原生型。

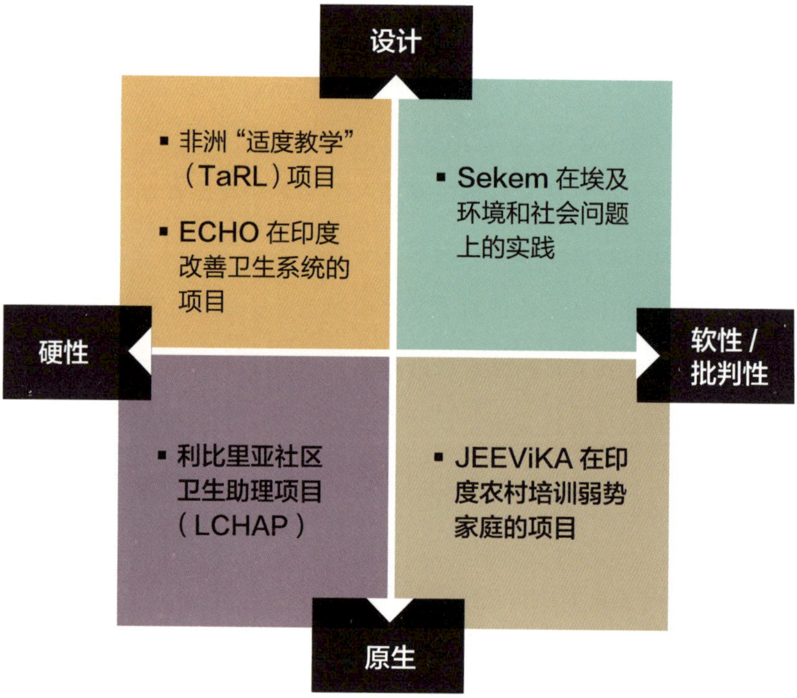

这种粗略的分类可以作为进一步研究的有用指南。在斯坦福慈善与社会创新中心（Stanford PACS）网站上的一篇文章中，我借鉴了10年来对发展中国家著名社会企业的实地研究，为这四种原型提供了示例。此外，我参与领导的斯坦福慈善与社会创新中心的全球创新影响力实验室也从当下的一些举措中学习，比如由资方和项目合作伙伴组成的全球合作组织Co-Impact。2020年1月，Co-Impact宣布了迄今为止最雄心勃勃的系统变革计划之一：它将在未来5年内提供8000万美元的资助，以支持那些改善非洲、南亚和拉丁美洲约900万人的教育、健康和经济机会的大胆的系统变革计划。这些举措才刚刚开始运作，我在这里提供的粗略分类只是为了说明这四种原型所依据的不同假设。这种分类并不能反映出这些方法的复杂性，但我希望它有助于在未来几年中对若干当今系统变革举措的异同进行反思。

## 硬性系统观

当代系统学者认为，在对问题的界定非常清晰的情况下，硬性系统观是很有帮助的。当具有决策权的利益相关者就问题是什么、什么是成功，以及拟定的解决方案的有效性和目标达成一致时，硬性系统方法就可能提供一个优质的行动模板。

**硬设计型系统观示例** | Co-Impact支持了非洲“适度教学”（TaRL）项目，该项目致力于提高非洲国家教育系统的成效。TaRL针对的是教育系统中一个非常明确的方面：提高小学三到五年级儿童的基本阅读和数学技能。TaRL通过关注特定的年龄范围和

技能，在教育系统内划出了一个明确的界限。大多数利益相关者都认识到了儿童在学校表现不佳的根本问题，并商定了提高技能的目标和方法。阅读和数学成绩的进步可以被准确地评估。布拉罕（Pratham）是印度的一家非政府组织，是 TaRL 模式的先驱；阿卜杜勒·拉蒂夫·贾米尔扶贫行动实验室在随机评估中检验了布拉罕的变革理论；还有一些资方打算支持政府和地方合作伙伴实施一种经过验证的方法。制订详细的计划，预先规定资源需求和阶段性目标，这也符合硬性系统观的观点。

第二个例子是 ECHO 计划在印度的项目。ECHO 通过视频技术将医疗专家与一线医疗服务提供方联系起来，开拓了一个行之有效的改善印度卫生系统的模式。与 TaRL 一样，ECHO 也是建立在现有项目模板的基础上，该模板吸收了新墨西哥州开发的专业知识。ECHO 于 2003 年在新墨西哥州启动，此后已扩展到 37 个国家。该倡议从一开始就明确了它要达到改善卫生系统这一无可争议的目标。ECHO 围绕一系列卫生问题以及有足够技术基础设施的地点划定了明确的界限，为实现其确定的阶段性目标精确地投入所需的资源。

**硬原生型系统观示例** | 两次内战和埃博拉危机让利比里亚的许多社区无法获得医疗服务。利比里亚社区卫生助理项目（LCHAP）与利比里亚政府合作，为这些社区培训卫生工作者，替代失效的卫生系统。每个社区都代表着一个具体的社会系统，LCHAP 的实施主要依靠（向社区）提供特定的资源，并确保强大的利益相关者们达成有力合作和共识。通过将每个社区的做法标准化，该倡议最终可以将受训人员纳入正规的卫生系统。LCHAP 还提醒我们，建立一个新的系统往往比改变一个现有的系统更为容易。

在慈善领域，硬性系统观更具有吸引力。这或许是因为这些观点符合西方的重要信念和偏见，如利用专业知识解决问题，采用正式的战略和计划来实现预定的目标。然而，即使是在成熟的卫生系统中，医生、护士、患者、政府、投资者和纳税人的世界观也表现出了惊人的差异。利益相关者可能对问题是否存在或最重要的问题是什么有分歧。或者，他们可能对问题达成一致，但对问题的原因和解决方案、谁应该负责改进，以及如何评估进展或成功与否有不同意见。当慈善工作成功地集中在系统的一个方面时，有权力的利益相关者可能会要求重新划定施加影响力范围的边界，并将系统的其他方面也囊括进来。正如布拉罕在印度的经验所表明的那样，对教育系统的一个方面的改善可能会拔高利益相关者的期望。尽管布拉罕取得了巨大的成功和增长，但印度农村青年的整体阅读水平和数学技能在过去 10 年中却有所下降。将布拉罕与缺乏系统层面的影响力错误地联系起来，可能会导致该组织与政府的关系变得紧张。

基于硬性系统假定的项目措施很难容许哪怕最低程度的偏离。当战略和资方的期望被正式纳入明确的计划时就更是如此。一旦计划失败，就可能会限制其他行动方案的施行。稳健的变革可能需要对系统的结构进行更为根本的改造，避免有出现相同问题的倾向——这是有影响力的系统思想家罗素·艾可夫（Russell Ackoff）提出的论点。[8] 因此，实践者可能会发现另一种不那么容易的方法——根据设计，软性 / 批判性系统方法可以处理多种对立的目标和紧张关系，尽管速度较慢、可预测性较低，但可能是一种更有效的方法。

事实证明，硬性系统观更适合设计技术系统，用以实现明确的和可见的目标，如设计武器、发动机、电路、现代供水和排污系统。遗憾的是，大多数社会问题并不符合这一模式，以至于有些著名的系统思想家建议完全放弃硬性系统观。

## 软性 / 批判性系统观

软性 / 批判性系统的方法基于这样一种信念，即系统造就了多层面的、动态的各类情境，人们不可能仅仅通过观察就得以理解。系统中的参与者有不同的世界观、优先事项、劣势部分、偏好、权力和目标。系统的重要方面可能并不可见，但所关心问题的界限需要被审视和协商，而且共同学习比应用和推进现有的知识、专长要重要得多。因此，这些状态往往被认为是“混乱”或“邪恶”的。

管理学者彼得·查克兰（Peter Checkland）对硬性系统方法的缺陷感到失望，他推动了基于更适宜目标的软性 / 批判性系统方法的发展。他建议提出这样的问题：我们能不能创造一些替代性的情境，让不同角色、地位和偏好的人都能接受，即使这些情境从他们各自角度来看都并非处于最理想的状态？我们能否设计出在技术上和文化上都可行的变革，并且不会引发扼杀进步的阻力？系统研究者迈克尔·杰克逊（Michael Jackson）和维尔纳·乌尔里希（Werner Ulrich）等人将软性 / 批判性系统方法扩展到了以冲突为特征的情境当中。他们的软性 / 批判性系统观主要侧重于将穷人视为公民，穷人们需要能够有效地参与到影响他们自身的决策之中。软性 / 批判性系统观力求让被边缘化的群体和沉默者拥有话语权，并在这种尝试与务实的决定之间取得平衡，与愿意合作的人合作，做自己认为公正的事，而不是企图创造一个“没有不平等的乌托邦”。[9]

**软 / 批判设计型系统观示例** | 我在过去 15 年里一直在关注的 Sekem 是一个成立于 1977 年的组织，它提供了一个很好的例子。[10] 为了解决埃及的环境和社会问题，Sekem 设计了一个开放型社区，让人们目睹和体验不同的现实情境，慢慢形成未来有很多种可

能性这种看法，并且在安全的环境中集体反思自己的生活和导致社会功能失调的规范和习惯。Sekem 开发了一个沙漠绿洲，这个绿洲拥有非常漂亮的景观，充满了艺术气息，每一个角落都有一个大型的露天剧场、大量的树荫和花圃。“我希望美和优雅（的环境）不仅仅是为各公司锦上添花，而是从一开始就作为不可或缺的一部分，将它的影响力扩散到（公司的）方方面面。”Sekem 的创始人易卜拉欣·阿布莱什（Ibrahim Abouleish）说道。Sekem 让人们能够表达自己的个性，思考自己的问题和抱负，并就如何与他人和自然环境相处达成共识。随着时间的推移，进入 Sekem 世界的人们形成了一个与复杂的埃及现实（Sekem 想要改变的制度）对比鲜明的社区。现在，Sekem 就像一面镜子，向埃及展示它可以实现理想的未来，带来新的可能性；在埃及其他地区悲观和无望的映照下，它的大胆愿景象征着可喜的雄心和抱负。

**软 / 批判原生型系统观示例** | Co-Impact 支持在印度比哈尔邦的一项计划，由 JEEViKA（国家农村生计特派团）领导，通过应用渐进式方法，培训弱势家庭在农村社区从事商业活动。这成了一个解决极端贫困的既定发展模式。我的实验室在印度奥迪萨邦农村的研究表明，在这种环境中，人们继续因其性别和特定的种姓而遭到边缘化和歧视，被排除在经济活动之外。在这个系统中，有影响力的参与者可能会抵制在改变规范和权力结构上所做的努力。JEEViKA 是否能在这样的环境中取得成功，也可能取决于它如何在硬性系统观与软性 / 批判性系统观间谋求平衡，让不同利益相关者探索他们之间的张力，并找到有效的行为和关联方式。为了在未来几年内理解这一系统原型，JEEViKA 提供了一个优秀的测试案例。

## 社会系统的一般架构

- **情境空间**（situation space）是指人们关注的情境的状态：人们自身所处的，为人类提供了机会，同时也带来了制约的客观条件是什么样的？情境变化的动力是什么？
- **行为架构**（behavior architecture）即可观测的和不可观测的作用力量所带来的情境特征：有哪些经济、认知、规范和权力/政治因素促成和制约了人们的思考和行动？这种结构是如何创造出令人关注的情境和推动情境变化的动力的呢？
- **问题空间**（problem space）是一种关于情境是否令人困扰，以及对谁而言成为困扰的主观性解释和评价：声称某种情境是应该处理的社会问题时，此类判别的性质和合法性是什么？与其他问题和优先事项相比，这个问题有多重要，谁受益最大，谁受害最深？

我在这里提出的观点整合了硬性系统观（情境空间）的客观假设和软性/批判性系统观（问题空间）的主观假设。这个系统观的另一个维度——行为架构，是系统变革的主要目标，它同样适用于设计系统和原生系统。

这三个系统维度并不是独立存在的，而是观测、探索和干预社会现实方式的不同视角。这个架构对边界的传统假设提出了挑战，这里讲的边界取决于对某些人群、地域或问题的兴趣或热情。边界可能实际地反映了现有的资源和能力。边界可能标志着一个人作为资方或执行者的身份，以及一个人的责任界限。因此，系统是那些令人关切的情境，它由寻求系统变革的参与者的多重现实认识和解释所决定。我们可以用下图来解释这三个系统维度。

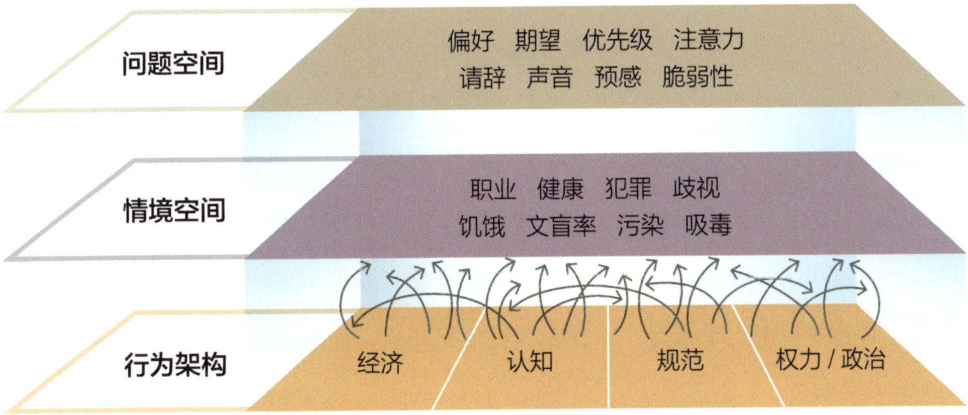


**情境空间** | 情境是指一个系统的状态，是人们所处的现实。我们可以从工作机会、获得医疗或法律服务的机会，以及参与公共、经济和政治生活的能力等方面，收集有关情况的相关事实。情境也会限制人们的选择——例如，低识字率、污染、吸毒、饥饿、犯罪或歧视等情境。“空间”一词表明，我们选择关注社会现实的一个部分，可以是一个受到歧视的人的特定处境，可以是一个遭受健康问题困扰的社区，也可以是一个因滥用权力而发展受阻的国家。

机会和制约因素间的平衡决定了系统变化的动力情况是否在缓慢改善，能否加快这种上升趋势？形势是否停滞不前，我们需要想办法动员人们改变现状？形势是否在恶化，我们是否需要想办法稳定它，然后通过变化的动力引导它慢慢改善？[11] 通过对这些动力的思考，我们可以更好地了解设计干预措施的优先事项以及我们与系统互动的方式。

各种情境和可观测的事实体现出对现实的表层理解，这可能会诱使我们认为问题就是看到的样子，采用现成的解决方案模板，如小额信贷或智能手机的应用程序。这种态度促使我们去追求吸引人的新技术，但这些技术可能并不能从根本上解决问题，或者会产生意想不到的后果。举例来说，让我们来看看 Zipline 在当地面临的张力。这是一家加利福尼亚的初创公司，它使用无人机作为一种有效的机制，将医疗用品送到加纳、塞拉利昂和卢旺达等国家需要的地方。尽管无人机的使用取得了成功，但这些国家的卫生专业人员也对其使用提出了批评，声称无人机价格昂贵，而且会降低有效卫生系统其他方面的发展优先级。

系统观提醒我们不要急于去寻求解决方案。它们鼓励我们投入更多的时间和精力，用创造性的方式探索和欣赏特定背景下的情境结构，以及当地利益相关者的各种观点。系统工作类似于识别拼图中的关键拼图块，了解系统的形态是如何运转的来发挥它们的作用。只有这样才能设计出通往大家都认为有所改进的、不同结构的路径。

改善情境的干预措施面临两个基本挑战。首先，社会系统的许多方面是无法被直接观测到的，例如，信仰、价值观、野心、权力和依附结构往往隐藏在行为结构的范畴内。其次，人们作为系统中的行动者，感知到的现实情况会非常不同。例如，他们可能会在某一情境是否是一个问题，以及对谁来说是个问题上产生分歧，或者对所谓的问题有多重要或多紧迫有不同的看法。这些方面都存在于问题空间中。

**行为架构** | 行为架构是指系统中导致某种情况发生的部分。探索行为架构需要理解个人与其他人、机构、物理空间和自然环境的关系。行为架构有四个维度：经济、认知、规范和权力 / 政治维度，这些维度提供了跨越个人、社区、组织、机构和社会的多系统层次的见解。[12] 这种见解有助于解释诸如竞争、合作、排斥、支配和滥用等行为模式。

例如，试想一个村庄中有权力的精英阶层是如何将某些群体排除在村庄决策之外的。长久以来的具有规范性和传统性的权力和依附结构导致了该村持续的不平等，而这种不平等往往进一步形塑了当地的行为架构。行为架构的这四个维度在人们的个人愿望与社会背景和物质环境之间产生了一种创造性的张力。这种大环境影响了人们能做什么，以及不能做什么。通过研究行为架构，我们也可以更容易识别出那些有助于或可能阻碍变革努力的利益相关者，如有影响力的地方贤达、对地位敏感的领导者和有权力的抵制者。群体有他们自身的规范、认知能力和经济能力，也有自身的角色和赖以完成社会化过程的依附关系，我所研究的组织往往只有在找到方法来揭示它们所关心的群体的上述情况时，相应的工作才能取得进展。

系统变革要求我们对行为架构（原因）进行干预，而不是对情境（症状）进行干预。这种观点将有助于减慢我们做出改变的速度，原因有二：

第一，行为架构的重要方面是无法被直接观测到的。想要意识到它们并理解它们，需要我们密切关注相关情况，并与利益相关者建立信任和关系。只有这样，他们才会开始分享我们所不容易观察到的情境和问题的各个方面，例如他们脆弱性的来源，以及他们被虐待、边缘化和排斥的方式。这种努力往往需要我们做一些与组织使命无关的事情。例如，IDEO.org 和玛丽·斯特普斯国际（Marie Stopes International）发现，要解决赞比亚少女意外怀孕这一令人担忧的问题，就需要投入到一些看似无关的活动当中，例如开一家美甲店，来建立与年轻女孩的关系。随着时间的推移，在这种无偏见的环境之中，女孩们便能够讨论一些令人不舒服及有争议的话题，如避孕和不采用它的原因。

第二，不同的行为架构会产生看上去相似的情境。因此，我们需要抑制我们对来自其他环境的经验的依赖，以免我们直接应用熟悉却无法在当前情境下发挥作用的情境原型。我们必须了解引发特定情境的具体行为架构。看上去相似情境下的架构差异，往往会破坏在表面上看起来相似、实则不同的环境下复刻解决方案的努力。

理解行为架构和情境之间的联系是系统观的核心。但是，为了有效地开展工作，我们还需要探索人们如何以不同的方式去解释相同的情境。差异决定了谁会支持、抵制、受益或受到变革工作的影响，也决定了我们可以有效探索哪些变革途径。

**问题空间** | 问题不是以客观的方式存在的。我们可以通过反思一种着实令人不安并应该予以处理的情境的本质和合法性，从而更有效地思考社会问题。[13] 即使是社群中关系紧密的人们，也会对世界和他们所处的情境持有非常不同的主观印象。人们的态度、动机、角色感或目的感、观念、信念、期望和习惯各不相同。只根据一套价值观和期望来判断一种情境是否有问题，不一定符合当地利益相关者的看法。

各种情境总能反映出弱势力量的存在与利益分配方式之间的不对称。受困于某一情境的人往往与受益于这一情境的人共存。任何对常态的改变，无论这样的情境对某些人来说多么不适，都可能会受到阻力。最近的软性 / 批判性系统实践强调让利益相关者参与到目标情境中，以便为阐明他们的分歧、如何克服这些分歧提供空间。[14] 这项调查的目的是发掘人们对某一情境的多种观点，明确差异以及误解和冲突的来源，并建设性地、有意识地探讨张力和对立观点。

不急于消弭张力，不急于做出不成熟的暂时妥协，往往是创造性解决方案的来源。软性 / 批判性系统方法力求通过与人们合作，而不是“为”他们工作，来发掘他们的潜力，让他们在确定和共有解决方案方面拥有话语权，而不是把解决方案强加给他们。变革者强调的不仅是解决分歧，更要挖掘本地智慧，调动穷人的智谋。重点不是“解决”穷人的问题，也不是“重新设计”他们的制度，而是一点点地共同创造积极的变化轨迹。

## 认真对待系统

从这个整体系统架构中，我们可以得出一个重要的论点：系统中没有具有魔力的物体或力量，也没有我们可以轻易撬动的有力杠杆，有的只是复杂的社会现实。每当我们提到社会现实时，它指的总是一个系统，因为所有的个人、社会情境、群体、问题和权力关系天然都是系统的一部分。仅仅使用“系统”这个词，而不改变我们对待困难情况的思维方式，并不能提高我们对问题的解释能力或将干预方案设计得更好。

系统观还意味着多种现实同时存在，我们需要探讨和解决主观差异。但社会学家警告我们，不要陷入对社会问题的天真的主观主义，不要忽视客观制约因素，正如社会学家罗伯特·默顿（Robert Merton）所写的那样，这些制约因素“既影响人们做出的选择，也影响这些选择对个体和社会的后果”。[15] 认真对待情境空间需要将决策建立在客观证据的基础上。认真对待行为架构提醒我们，并非所有的证据都是可见的。认真对待问题空间还提醒我们，并非所有重要的证据都是客观的。从这个系统的观点来看，在舒适的家中书房里设计干预策略显然是一种低效的做法，成功的概率几乎为零。系统工作要求我们接近系统，甚至要近到令人不适的地步。是否愿意推进这种缓慢而艰难的系统变革工作，会考验我们的决心，揭示我们真正关心的东西：我们寻求影响力是为了证明我们自身的有效性，还是为了社区而服务，帮助他们发现和创造自己的系统变革轨迹？

采用前面概述的系统观的最关键好处在于可以为慈善界减少和消除一些“病症”。这些病症包括痴迷于技术性解决办法，急于显示大规模的影响力，以及由不属于目标系统中的人制定具有预定目标的战略。系统观有助于我们降低对问题和情境的描述不足（约翰娜·梅尔和我称之为“理解的错觉”）、高估我们干预和改善情境的能力（我们称之为“能力的错觉”）[16] 的风险。但是，在雄心和能力之间逐渐扩大的差距往往是灾难的根源。[17]

## 需要进一步研究的问题

我们如何才能提高完成系统变革这种艰巨工作的能力？我们迫切需要更有针对性的研究，需要从发展中国家获取更多的观点和声音。本文是一份发展中的文件，我打算收集新的见解，不断发展、修正和扩展这份文件。我的研究将解决的问题以及我希望 SSIR 读者能在未来几年内帮助探索以下问题：我们如何有效地进入系统并与之互动？四种系统原型的假设最适合哪些类型的情境？哪些实践有助于发掘和绘制行为架构的维度？我们如何为开放的沟通以及对张力与冲突的探索搭建平台？我们的从业人员如何在慈善工作中采用软性 / 批判性系统工具？我们如何支持并稳定系统变革和转型过程中面临系统崩溃风险这类中间阶段？

无论我们是资方、执行者，还是兼具两种身份，采用系统观都需要我们对组织的重要部分进行深入思考和深层决策。以下是考虑采用系统观的组织应与其所有员工进行的3次对话。这种讨论可以促使他们探究自己的意向，提高他们系统变革的能力，从而在总体上有效地开展慈善工作。

**使命与身份** | 我们关注哪些情境或问题，为什么？我们在哪儿划定情境的边界？作为变革的推动者，我们的责任界限是什么？我们如何发展自己的角色、身份、抱负和能力？采用系统观意味着什么，我们期望得到什么结果？我们需要改变哪些态度和心态？

**能力** | 我们如何评估进展，我们需要掌握哪些工作的信息？如果对系统来说我们的知识和专长无关紧要，我们应该用什么来代替它们？资方以怎样的速度做出资助决定？我们是继续推动快速的连续资助周期，还是应该根据我们对成果的反思以及从以前的资助中学习到的能力来调整资助周期的节奏？系统观如何改变我们与被资助方的关系？我们需要建立哪些支持结构和能力？我们如何发展软性 / 批判性系统方法的实践？这种做法应该放在一个单独的专职部门，还是成为我们一般的工作方式？

**视角** | 我们看待这个世界的显性或隐性方式是什么？我们是否相信系统在现实世界中“存在”？我们在工作中是优先考虑硬性系统观还是软性 / 批判性系统观？我们是否坚信我所勾画的那种三维度架构？如果不是，那么我们看待世界或系统的方式是什么？

系统观在理想情况下会让我们慢下来，这一想法具有实际意义。干预措施的领导者需要找到管理这些漫长的学习过程的方法，并能够积累深厚的情境知识，从而证明投入的合理性。由于这种缓慢的方法可能在短期内不会带来“成果”，因此有可能失去来自员工、资方和组织合作的社区的支持，所以我们必须找到方法来维持动力和保持进取心。

放缓决策的速度、推动变革的速度、打破社会秩序的速度，以及报告证明我们有多好、多聪明、多负责任的数字的欲望的速度，这很可能是让慈善工作更有效的最有用的贡献。

## 注释


1 Christian Seelos and Johanna Mair, "Mastering System Change," *Stanford Social Innovation Review*, vol. 16, no. 4, 2018.

2 Werner Ulrich, "Some difficulties of ecological thinking, considered from a critical systems perspective: A plea for critical holism," *Systems Practice*, vol. 6, no. 6, 1993.

3 Elisabeth Bumiller, "We Have Met the Enemy and He Is PowerPoint," *The New York Times*, April 26, 2010.

4 C. West Churchman, *The Systems Approach*, New York: Delta/Dell Publishing, 1968.

5 Magnus Ramage and Karen Shipp, *Systems Thinkers*, London: Springer, 2009.

6 Ludwig von Bertalanffy, *General System Theory: Foundations, Development, Applications*, New York: Braziller, 1968.

7 Michael C. Jackson and Paul Keys, "Towards a System of Systems Methodologies," *Journal of the Operational Research Society*, vol. 35, no. 6, 1984.

8 Russell L. Ackoff, *Ackoff's Best: His Classic Writings on Management*, New York: John Wiley & Sons, 1999.

9 Michael C. Jackson, *Systems Thinking: Creative Holism for Managers*, Chichester, United Kingdom: John Wiley & Sons Ltd., 2003.

10 Seelos and Mair, "Mastering System Change."

11 *Ibid.*

12 The four dimensions are described in much more detail in Seelos and Mair, *Innovation and Scaling for Impact: How Effective Social Enterprises Do It*, Stanford, Calif.: Stanford University Press, 2017.

13 Donileen Loseke, *Thinking About Social Problems*, New Brunswick, Canada: Transaction Publishers, 2008; Malcolm Spector and John I. Kitsuse, *Constructing Social Problems*, New Brunswick, Canada: Transaction Publishers, 2001.

14 Peter Checkland has created several practical tools and frameworks to facilitate this work; see also tools and frameworks created by Michael C. Jackson and by Werner Ulrich on critical and emancipatory system approaches.

15 Robert K. Merton, “The Sociology of Social Problems,” in Robert K. Merton and Robert A. Nisbet, eds., *Contemporary Social Problems*, 4th ed., New York: Harcourt, 1976.

16 Seelos and Mair, *Innovation and Scaling for Impact.*

17 Seelos and Mair, “Mastering System Change.”

**克里斯蒂安·西罗斯（Christian Seelos）**

斯坦福大学慈善与社会创新中心全球创新影响力实验室的联合总监。

**点评**

# 实现系统性变革，深刻认知问题是前提

西罗斯教授在这篇文章中提出了一个很重要的"系统观"问题，如果你有志于真正推进改善社会问题，这是一个很重要的思维框架和提醒。我们可以理解为：对问题的认知影响了解决问题的耐心与方案的深度，进而影响最终解决问题的效果。

第一步是对问题有想要持续地深切理解的态度。为了避免盲目动工又无疾而终，对一个问题做好深度的分析和理解是最重要的准备。要做到这一点，最难的可能不是分析问题的能力本身，而是我们要克服自己认为已经对一个现象有所把握的自信和冲动，克服自己一腔热血的自我感动，愿意踏踏实实地弄清楚到底发生了什么。如果我们在看到一个复杂问题背后的挑战和难度后，仍愿意投身其中，那也就有了长期作战的耐心。

第二步是认识论的预备——我们真的能够弄清楚一个复杂的问题吗？作者的观点是很多社会问题并没有要给客观的定义和边界，当认识到每个人、每个群体视角的差异都可能对一个问题有不同的界定和理解，那我们就会对问题是什么持有更加开放的态度，也更愿意把各种不同的意见考虑进来。最终形成对问题的最佳描述，目的是解决它。既然对问题的定义不是客观的，我们任何时候也不能自信到认为自己已经找到了问题的根本。可能更合适的态度是常常问自己：我是不是找到了对这个问题更好的分析角度，以便更好地解决它？

第三步是建立具体的分析框架。作者给我们提供了一个很好的框架来帮我们界定考察一个系统时需要考虑的要素：硬性系统对软性 / 批判性系统，设计系统对原生系统。这个框架实际是帮我们扩展了系统的范围，明确应该被纳入我们系统分析问题的部分。它包含的非常广——从看得见的设施、环境、政策、法律到看不见的思维方式、世界观、价值理念等，从人们为了一定目的设计的团体和组织到自然形成的群体和社会关系，都可以纳入系统的考虑范围。

系统观的认知方式说起来很模糊，但若是真正践行，也许会减少我们的善意，最终不得不变成短期行为，甚至带来不好的结果的可能性。就像作者提出的两个词——理解的错觉与能力的错觉，这是我们要尽力避免的。而系统观能让我们有谦卑而开放的视角，进而才有可能萌发更为有效的解决方案。

系统观是我们看问题的态度和方式，但真正对一个复杂社会问题有系统和有深度的理解，单单靠一方努力肯定是不够的。如果在这个过程中大家得到了经验和知识的积累，形成了一些平台，有了及时交流的机会，并能更新积累知识，可能是我们在未来实践中可以考虑的问题。

**姜嬿**

南京大学商学院副教授。

# 不要只停留在“集合影响力”①

作者：王瑢（Rong Wang）
凯瑟琳·R. 库珀（Katherine R. Cooper）
米歇尔·舒马特（Michelle Shumate）
译校：卢萱、洪静澜

集合影响力塑造了我们思考和谈论解决系统性社会问题的方式。不过，集合影响力概念是否过于笼统而让社区和合作联盟无所适从？如何更好地描述各类联盟合作运转的有效模式？如何说清楚个中差异？本文对这些问题做出了回答。

那些追求社会影响力的组织不能单打独斗。只有合作，方可释放规模化势能。不过，这一简单的原则却暗含着巨大的复杂性。组织之间的联盟可以有多种方式协同合作。组织在如何协作方面做出的选择会影响其联盟的能力，影响项目带来的改变的类型，同时也会左右受影响最大的社区是否对项目的决策有发言权。

各组织常常对如何描述自己与其他组织的合作感到困惑，更别说如何与“别人家的合作”进行比较了。虽然这些组织通常都自认为使用了“集合影响力”这一盛行模式，但是它们是否真的践行了其原则要另当别论。这种趋势带来了对“集合影响力”相关术语的过度依赖，因为这些联盟缺少描述其协作方式的合适术语。

2017 年，美国西北大学的非营利和社会影响力网络（NNSI）发起了一项全美性研究，该研究运用比较法来辨别“集合影响力”真正助益于教育改革的条件。在与全美各地以

① 原文选自 *Stanford Social Innovation Review*, Winter 2020 Issue，原标题为 The Community System Solutions Framework。

教育为重点的合作联盟代表的交谈经历中，我们发现，虽然几乎所有的联盟都认为自己在运用“集合影响力”，但它们对其原则的理解却大相径庭，并且它们中的很多人也不能将其理解完全转化为实践运作。在这一过程中，我们意识到，理应存在更好的描述组织合作方式的方法；并且，给予实践中富有多样性的合作方式以不同的命名，将更有助于引导地方领导人和他们所服务的不同社区。为了实现以上目标，我们提出了“社区系统解困框架”（community system solutions framework）。

## 对新方法论的需求

“集合影响力”是一种将不同部门的相关行动者聚集到一起、解决复杂社会问题的合作模式。自 2011 年由 FSG 的顾问约翰·卡尼亚（John Kania）和马克·克莱默（Mark Kramer）在《斯坦福社会创新评论》中提出后，“集合影响力”在美国各地取得了极大的发展。这两位作者认为，成功的“集合影响力”，通过满足“大规模社会变革所必需、涉及多个利益相关者 ”的五大条件，将自身与其他社区合作模式区分开来。这五大支柱条件包括: 共同的议程、共享的衡量系统、相互加强的活动、持续的沟通和骨干支持组织。

这五大支柱条件对“集合影响力”到底有多重要？ 2014 年，在由“集合影响力”论坛赞助的《斯坦福社会创新评论》增刊中，杰夫·埃德蒙森（Jeff Edmondson）和本·赫克特（Ben Hecht）认为，只有符合上述条件的实践，才能被称为“集合影响力”。不管他们的观点在理论上是否有可取之处，很多项目在实践中仍会选择贴上“集合影响力”的标签，从而吸引出资人，并与全美各地更广泛的倡导者群体建立联系。目前来看，各种组织的联盟采用了它们唯一可用的模型（来概括和表述自身的实践）并酌情进行调整，而不是选择去开发一种将它们的需求考虑在内的方法。但是，如果它们有其他的模型可以选择呢?

我们推测，当前资助者和社区对“集合影响力”的青睐不仅使得这一特定话语模式被过度依赖，也造成了其所蕴含的实际方法被过度依赖。我们提出的一个理由是，组织间的联盟缺乏描述其他类型合作网络（除“集合影响力”模型之外）的社会影响力的话语。为了印证这一推测，我们采访了全美各地，包括非营利组织和基金会的项目官员在内的联盟领袖，收集了超过 55 个联盟的档案数据。然后，我们回顾了与联盟领导人的对话以及他们提供给我们的数据。

在“社区系统解困框架”的理论视角看来，解决复杂的社会问题有多种途径。我们的目的不是提出一种单一的模型，而是要证明，社区可能会发现不同的方法，这些方法更适合当下环境、其所服务的人群、每个社区面临的问题以及社区内现有的伙伴关系。我们把这个框架作为一个工具，用以帮助社区确定它们目前的合作框架及其优缺点。它还为社区提供了一种语言体系，用于描述建立合作伙伴网络并产生社会影响力的各类方式。

## 解困方案的分类

“社区系统解困框架”由两条学术研究线索塑造——这两项研究早于“集合影响力”模型的概念化。第一条研究路径描述了企业与非营利组织之间、非营利组织与政府之间进行跨部门合作的不同方式。这个领域的研究侧重于考虑什么样的组织参与跨部门合作，以及这些组织如何有机整合其活动。[1] 第二条研究路径描述了组织联盟最常见的治理方式。[2] 它介绍了三种治理形式：网络行政组织式、牵头组织式和自治式。网络行政组织类似于传统集合影响力框架的骨干实体，也就是说，它们是独立的机构，有自己的全职工作人员专门负责协调联盟的活动。相比之下，在牵头组织中，会有一个联盟成员出面担任总协调。而在自治组织中，联盟成员则共同承担治理责任。

社区系统解困框架由此产生。它描述了组织联盟在两个维度上的不同：谁来参与？工作如何完成？[3]

谁来参与？最初提出“集合影响力”的文章中，强调了跨部门合作。其中一个原因是，商业领袖在俄亥俄州辛辛那提市的 Strive 网络的成立中发挥了重要作用，使其成为该模式的基础性范例。然而，根据我们的经验，并不是所有的网络都能轻易吸引跨部门（特别是来自商界）的合作。在我们的研究中，非营利组织领导了许多网络，政府部门（如公共卫生部门或市政府）则领导了其他机构。这类实体常在吸引商业合作方面存在困难。有些情况则是学区和当地非营利社区服务组织之间的冲突阻碍了合作。由于这些问题，社区网络在“谁来参与”和“特定参与者的参与程度”上往往有不同见解。

如何完成工作？“集合影响力”模式强调了一个骨干组织的存在，在这个组织中，有一个独立于联盟的各个参与组织的工作人员来管理联络活动。然而，各社区描述了各种不同的情况，有些组织将骨干职能分开，有些则称它们的骨干更像一个“连接者”而非“管理者”，在另外一些情形中各合作组织选择“自我管理”，因为它们难以负担一个骨干组织的开销。这些网络中的合作组织可能会在还未对问题的解决达成一致意见时便要一起工作。在这种情况下，它们往往在分散的领导下，就多个议程同时展开工作。

网络联盟对这两个根本问题的回答启发了我们。我们将“社区系统解困框架”划分为四种不同的模式，并以两轴划分的四象限图来呈现。横轴代表跨部门参与的数量，纵轴代表联盟治理的集中程度。对于框架中的四个象限中的每一个象限，我们都会以两个社区为例，展示其情境和特定特征是如何影响特定合作模式的采用的。现在，让我们依次深入考察这四种模式（见“社区系统解困方案的四种模式”）。

**社区系统解困方案的四种模式**

我们将方法论按照管理风格和跨部门参与的多少进行归类。

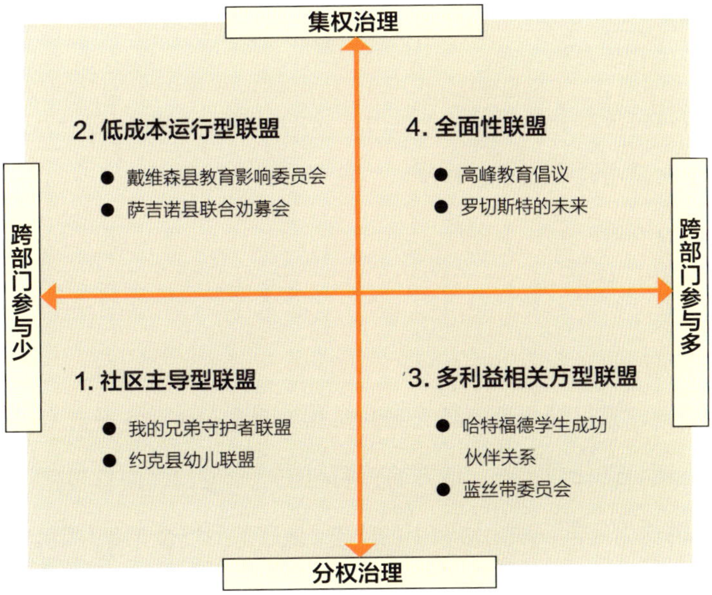

## 模式一：社区主导型联盟

社区主导型联盟模式（左下象限）非常注重社区的参与，并让所服务的社区参与决策。其参与者通常是与当地有紧密联系的地方组织或非营利组织。跨部门关系相对少见。

**社区主导型联盟的主要特征**

- 更强调社区组织方法和公民志愿者；
- 平衡多项议程，并对社区内的变化做出反应；
- 外部资金资助很少或根本没有；
- 决策不依赖于数据指标；
- 专注于活动协调和意识提高；有一些活动，但不是项目驱动的；
- 参与者包括志愿者、非营利组织、基于社区的组织和宗教组织，但并不保持持续的沟通；
- 往往没有骨干组织参与，或者即使有，也没有配备强大的基础设施。

该模式通常寻求通过让当地领导人和利益相关者参与来建立社区意识，特别采用草根的方法来进行项目设计和实施。地方非营利组织经常发起网络以增强社区的能力，但总体来说，它们的努力通常反映出协调上的匮乏。该联盟的资金来源分散且针对特定项目。社区主导的联盟倾向于将重点放在多议程的项目执行上，而且它们并不十分强调指标或数据收集。这种模式的缺点是，合作伙伴之间很难进行持续或结构化的沟通，其他部门也很难参与进来；但好处则在于能赢得足够的社区支持。

成立于 2016 年 4 月的“我的兄弟守护者联盟”是一个社区主导型联盟，位于美国纽约州弗农山，是一个市级项目。其指导委员会由 6 名社区内有影响力的人士组成，其中包括一名宗教领袖。弗农山男孩女孩俱乐部负责管理联盟的财务事务，如接受资金和处理税务问题。指导委员会认为这个网络本身就是一个社会运动。它目前的工作重点是：帮助社区成员更好地为人父母和应对心理健康问题，并提高社区对该联盟的认识。它没有骨干组织。为了管理联络的工作，主要由社区组织或当地人组成的核心合作伙伴分成小型的工作团队，每周开会讨论有关弱势青少年的不同议程。这些议程包括上学途径、学前准备、三年级阅读水平、高中毕业、进入劳动力市场和避免暴力。虽然该网络希望更多的企业能加入，但一直未能成功吸引到它们。另外，该联盟的领导人也希望政府部门和学区能更积极地响应并参与进来。由于该联盟成立仅三年，它还没有获得维持联盟运转的资源（例如政府部门和教育非营利组织之间的伙伴关系）。该网络也尚未收集任何有关教育成果的数据。

另一个社区主导型联盟的例子是美国纽约州约克县幼儿联盟。这是缅因州比德福市的一项教育倡议，由约克县联合劝募会于 2011 年发起，旨在提高人们对县级幼儿教育重要性的认识。它没有运行具体项目的预算，而是专注于为学区、基督教青年会、童子军和女童子军等当地合作伙伴协调活动和项目。比如，它每年都会举办约克县幼儿社区对话会，并鼓励当地组织参加。但它还没有引导合作伙伴在会议之外相互接触。

约克县幼儿联盟还就投资与幼儿相关的问题开展教育和外展活动。其中一个项目是志愿陪读计划，该项目让成年志愿者与阅读水平低于年级水平的三年级以下儿童一起阅读，以提高早期识字率。该项目要求参与者完成一项调查，以此来收集关于该项目的评估数据，但尚未跟踪该项目的任何教育成果。

## 模式二：低成本运行型联盟

与社区主导型联盟模式相比，低成本运行型联盟（左上象限）采用更加结构化的方式来组织和激励合作伙伴为共同目标而集体努力。该象限中的网络通常有一个活跃的牵头机构作为骨干组织，但不一定有多个部门的参与。其中一个部门的成员（一般是非营

**低成本运行型联盟的主要特征**

- 明确界定的议程，将各合作方的努力协调一致；
- 合作关系中缺乏部门多样性，尽管联盟试图利用和加强现有的合作；
- 少数核心伙伴相互之间保持定期沟通，但由于资源限制，网络缺乏动力；
- 政府组织或基金会作为牵头组织，在确定议程和协调参与者方面发挥重要作用；
- 网络选择这种模式是为了省钱，或是因为它缺乏支持一个骨干组织和数据系统所需的资源。

利组织或政府部门）通常会促进或协调工作。因此，项目的实施是自上而下的。此外，组织伙伴不进行定期交流，或者只有来自同一部门的一小部分核心合作伙伴相互交流。

低成本运行型联盟中的合作组织往往出自同一部门，而且财政受限，这经常造成伙伴关系缺乏多样性。低成本运行型联盟模式的协调费用较低，这使其成本低于“集合影响力”模型。这些联盟大多（但并非全部）认为自己处于“集合影响力”的早期阶段，一直在努力吸引来自不同部门的合作伙伴。另外，低成本运行型联盟在社区参与上比较有限。

美国北卡罗来纳州戴维森县的教育影响委员会就是一个低成本运行型联盟。在经过社区需求评估调查确定了三个重点领域（即教育、健康和财务稳定）之后，戴维森县联合劝募会在 2015 年成立了该委员会。联合劝募会作为委员会的唯一出资人和牵头机构，负责协调会议和管理合作伙伴之间的沟通。在县级层面上，它的合作伙伴主要来自非营利组织，比如戴维森县救世军男孩女孩俱乐部、基督教青年会，以及当地提供教育和社区外展计划的慈善组织，其合作伙伴还包括各个学区和一家当地企业。该委员会的目标是招募更多的倡导者，如地方教育官员和其他决策者。

作为一个相对新的组织，教育影响委员会是该县第一个致力于教育问题的合作组织。由于资源有限，该网络决定不采用“集合影响力”模式。目前，委员会正在努力确定社区中应重点解决的教育问题。

密歇根州萨吉诺县联合劝募会于 2014 年成立了一个低成本运行型联盟，以确保萨吉诺县的每一个高中毕业生都能为其职业生涯做好准备。它主要由当地的非营利组织组成。联合劝募会作为牵头机构，在监督合作组织方面发挥了核心作用。例如，它要求所有合作伙伴提交包括衡量标准和结果的季度报告，用以确保它们正按计划实现资助协议规定的目标。

与北卡罗来纳州戴维森县的教育影响委员会不同，萨吉诺县联合劝募会的自我定位为正处于“集合影响力”的早期阶段，并正以社区中现有合作关系为基础搭建新的合作。目前，它还没有吸引到建立一个系统的、多样化的数据库所需的资金投入。

## 模式三：多利益相关方型联盟

与低成本运行型联盟相比，处于右下象限的多利益相关方型联盟吸引了各种各样的利益相关者，但是牵头机构在组织过程中的作用并不那么重要。这种模式通常没有骨干组织，这要么是因为牵头机构决定不以这种身份担任职务，要么是因为缺少人员或者资金，

**多利益相关方型联盟的主要特征**

- 适应不同合作伙伴目标的多重议程；
- 它们收集数据，为决策提供信息；
- 合作伙伴包括政府、企业和非营利组织；
- 这些合作伙伴通常组成团队，专注于某单一议程；
- 牵头机构或骨干组织是网络的促进者，但不是议程的制定者，通过在各团体之间提供技术和沟通支持来促进团体的工作。

因此它根本没有在管理伙伴关系方面发挥正式作用。相反，牵头机构将自己视为“联系者”（connector）或“召集者”（convener）。合作伙伴们则感到有责任保持沟通，并为实现集体目标而各自努力。

在试图关注众多议程并奋力协调各合作伙伴的努力时，这种模式面临着潜在的不利因素。多利益相关方型联盟可以是处于早期阶段的“集合影响力”努力，正致力于在合作伙伴之间构建共同愿景。在另一些情况下，这些联盟也努力成为“集合影响力”联盟，但因为缺乏强大的骨干组织而没能实现。

哈特福德学生成功伙伴关系（HPSS）是一个多利益相关方型联盟，在 2006 年通过美国康涅狄格州中部和东北部联合劝募会、哈特福德市政厅、哈特福德公共捐赠基金会和康涅狄格州哈特福德公立学校四个组织之间的平等伙伴关系而建立。HPSS 旨在通过应用社区学校模型（community school model，学校利用社区资源建立的合作与教学项目）来改善哈特福德学生在学业上、社交上、情感上和身体上的健康状况，该模型协调学生在学校取得成功所需要的服务，同时延长在校的日期和时长，以建设健康的家庭和社区。HPSS 员工是联盟的骨干力量。另一方面，康涅狄格州中部和东北部联合劝募会通过牵头召开关注技术援助和最佳实践的定期会议，发挥出类似牵头机构的作用。HPSS 采取多种策略来提高学生的学习成绩（例如入学准备、出勤、高中毕业率以及大学和职业准备），以配合地区和单个学校的运营计划。这种合作伙伴关系有助于协调、调整和利用每个合作伙伴的不同优势，但并未定义伙伴们该如何合作。本地学校、非营利组织和政府部门加入了合作伙伴关系，并保有持续的沟通（例如半年一次的执行委员会会议、每月的领导团队会议以及非营利组织合作伙伴之间的每月会议）。HPSS 强调核心组织之间的数据共享。

另一个多利益相关方型联盟的例子，是美国北卡罗来纳州纽黑文县预防青年暴力的蓝丝带委员会（BRC）。BRC 成立于 2007 年，以哈林儿童区（一个位于纽约市哈林区的非营利组织，致力于帮助贫穷家庭与儿童）为蓝本，致力于通过减少青少年暴力行为和开展有助于社会发展的青年计划（例如翻新多功能体育馆和社区花园并提供大学奖学金）来终止社区代际贫困的循环。它主要服务于“青年富集区”，一个位于威尔明顿市中心北侧、占地约 140 平方英尺（约 153 平方米）的区域，那里的犯罪率和贫困率都很高。这个低收入社区不信任市长、地方检察官和学校负责人。所以，BRC 将自己定位为当地社区和政府部门之间的中间人。作为骨干组织，BRC 认为自己是学区、地方非营利组织、县卫生部门、高等教育机构和地方企业等各种合作伙伴之间的连接者。来自不同部门的合作伙伴通过不同的行动小组进行合作。这些小组分别专门负责教育、社区参与或青少年暴力问题等，每个小组都由来自不同社区合作伙伴的 20 多名代表组成。

## 模式四：全面性联盟

不同于多利益相关方型联盟，位于右上象限的全面性联盟模式是我们研究过的一些最成熟的“集合影响力”举措。在这种模式下，合作伙伴来自不同的部门，共享特定的目标，并为实现这些目标进行持续的沟通和合作。骨干组织促进各伙伴努力制定共同议程，并确保就伙伴关系活动和成果做出有效决策。它还可以在确定适当的测量系统和制订实现集体目标的详细计划方面发挥重要作用。

在全面性联盟模式下，伙伴关系和项目的管理通常是自上而下的，而且往往较少有

**全面性联盟的主要特征**

- 长期以来，合作伙伴一直为共同愿景一起努力；
- 方案决策往往由数据驱动；
- 不同的合作伙伴通过持续的沟通和共同努力，相互问责；
- 它们通常比多利益相关方型联盟更大；
- 在四种模式中，它们的合作伙伴协调最为完善；
- 与其他类型的联盟相比，全面性联盟的直接社区参与较少。

社区的直接参与。大多数全面性联盟特意选择这种模式，是因为该联盟所服务的社区既需要，也有能力去维持一个牵头机构，并持续地支持跨部门合作。全面性联盟通常是处于“集合影响力”的维持阶段，它们有足够的资金来支持骨干组织，维持一个共享的数据收集系统，并组织相应的动员工作。

总部设在美国俄亥俄州阿克伦的“高峰教育倡议”（SEI）是一个全面性联盟。SEI成立于1994年，致力于提高阿克伦公立学校的阅读成绩。它遵循“从摇篮到职业”的模式，注重帮助每个孩子从出生到就业都能充分发挥自己的潜能。2013年，SEI加入了StriveTogether网络，并接受了“集合影响力”这一方法论。同时，SEI也是该网络的骨干组织，协调了包括学区、当地高等教育机构、当地企业和社区组织在内的300多个合作伙伴。2010年至2011年间，SEI经历了领导层更替、项目终止、裁员，给社区留下了很多空洞的承诺。当该组织在2011年重建时，它需要重新培养并修复多样化的伙伴关系。

在“根据教育数据采取行动”的原则指导下，SEI维持了一个强大的数据收集系统，利用它来明确问题，评估进展情况，并保持对自身问责。SEI之所以能够成为一个全面性联盟，是因为它有足够的资金来支持其项目，包括来自其他捐助者的捐赠和额外资金。一些资助者要求所有合作伙伴与SEI密切合作，这解释了为什么它倾向于集中管理。

另一个全面性联盟是美国纽约州罗切斯特市的“罗切斯特的未来”（Rochester the future），这是2011年作为“StriveTogether”联盟成立的一个城市级倡议。和SEI一样，“罗切斯特的未来”也有足够的资金支持。在这个案例中，这些资金来自私人基金会。“罗切斯特的未来”所服务的社区有着丰富的跨部门合作历史，这使得该计划能够利用现有的合作伙伴关系来确定需要关注的领域。目前的骨干组织“儿童议程”倡导以政策和基于证据的实践来提高学业成绩。联盟现有60多个不同的合作组织，包括来自社区非营利组织、研究机构、地方基金会、企业和政府部门的各利益相关者。“儿童议程”协调所有的小组委员会，并使其各自的目标与提高罗切斯特儿童学业成就的总体任务相一致。该合作是围绕着由教育成果定义的不同任务组织起来的，比如入学准备、出勤率和大学入学机会，也包括一个负责数据共享的特别任务小组。“罗切斯特的未来”没有做太多直接的社区参与，它更愿意通过与当地组织合作的方式，间接地与社区建立联系。

## 开放的可能性

上文讲述的仅是美国教育改革举措中的几例样本，但它们展现出了各种在社区层面的需求和解困方案。我们提出的框架反映了各组织合作解决社区问题的不同模式。该框架根据参与人员和工作模式分为四类，展示了联盟是如何通过多种途径来解决社会问题并催生系统性变革的。我们承认，这些联盟在许多衡量标准上存在差异，这些标准包括规模、任期、服务人口、面临的挑战、寻求的目标、现有的社会资本以及可用于动员的潜在资源。

我们认为，社区系统解困框架可以作为联盟的指南，帮助它们找出协调合作伙伴和实施特定的、适合自身社区的方案的最佳模式。它为合作联盟提供了一种替代性的、更精确的语言，以描述他们组织合作伙伴以产生社会影响力的各种方式。它还阐明了某些模型下的特定联盟相对于其他模型的优势。

这个框架不是一成不变的，四个象限之间的划分也不是绝对的。一些联盟可能会随着时间的推移而发生变化——可能会从一个象限开始，最终进入其他象限。但是，这样的变化过程可能不是所有联盟的目标，特别是那些跨部门参与有限、无法吸引大量资金的联盟，或者那些在组织工作中采用分散的、更草根的组织方法取得成功的联盟。

我们衷心地希望各社区能更好地了解并找到最适合自身的可行方案。同样，我们希望资助者对不同模式的社区系统解困方案持开放态度，并寻求资助在各自社区内最有机会取得成功的举措。我们仍不清楚“集合影响力”是否优于其他模式，但我们认为，对于意识到自身资源和目标的社区来说，一味追求大规模集合影响力不一定是它们的最终目标。

## 注释

1 James E. Austin and M. May Seitanidi, "Collaborative Value Creation: A Review of Partnering Between Nonprofits and Businesses: Part I. Value Creation Spectrum and Collaboration Stages," *Nonprofit and Voluntary Sector Quarterly*, vol. 41, no. 5, 2012.

2 Keith G. Provan and Patrick Kenis, "Modes of Network Governance: Structure, Management, and Effectiveness," *Journal of Public Administration Research and Theory*, vol. 18, no. 2, 2008.

3 我们使用了一系列定性方法来确定各种因素在不同网络中所起的作用。我们通过两步过程进行了编码。第一步，我们依靠临时编码来关注与文献综述中确定的因素有关的编码：部门参与（谁参与？）和网络治理（工作如何完成？）。第二步，我们使用了从集合影响力文献和其他网络研究得出的强度编码，以确定各个社区在部门参与和网络治理的维度上处于何处。强度范围为从-2到2。在这两轮编码中，我们都进行了试点测试，并使用多个编码器进一步完善了方法。如有兴趣，我们可提供有关编码本的其他信息。

**王瑢（Rong Wang）**

肯塔基大学传播与信息学院传播学助理教授。

**凯瑟琳·R. 库珀（Katherine R. Cooper）**

德保罗大学传播学助理教授。

**米歇尔·舒马特（Michelle Shumate）**

非营利和社会影响力网络（Network for Nonprofit and Social Impact）主管，也是西北大学传播学教授。

**点评**

# 社区系统解困框架的实用性

自2017年，以美国西北大学的非营利和社会影响力网络（NNSI）为中心，我跟几位合作者一直在研究集合影响力的有效力。这个项目的数据来自美国26个社区，它们关注的社会议题是教育。其中一半社区采用了集合影响力的模式，而另外一半作为对比组，并没有明确地采用集合影响力。我们研究小组对这些社区进行了三年跟踪数据收集。在这篇文章中， 我将结合这个研究项目的亲身体验以及现有的文献，来讨论社区系统解困框架（community system solutions framework）在中国社会课题研究领域的实用性。

在如何解决社会议题的研究中，最大的难题是如何鼓励不同的组织走出自己的舒适区，构建战略性伙伴关系。主要障碍包括资金的缺乏以及如何去管理和整合跨部门之间的资源。另外一个障碍就是，非营利组织以及它们所服务的社区缺乏适合它们的语言去描述它们的合作关系。我们提出社区系统解困框架的动机就是希望可以给非营利组织、政府部门，以及它们所服务的社区，提供一些替代语言，以更好地定位它们的合作关系。

社区系统解困框架是由两个轴组成的，每个轴对应一个相关的研究领域。第一个轴关注的是谁来参加。这一条研究路径描述了企业与非营利组织之间、企业与政府部门，以及非营利组织与政府之间，进行跨部门合作的不同方式。这个领域侧重研究参与跨部门合作的组织类型和这些组织如何有机整合它们的活动。美国学者詹姆斯·奥斯汀（James Austin）的经典文献[①]指出，跨部门合作可以根据组合资源的程度分成三大类：纯粹的慈善合作（比如一家公司给非营利组织捐款）、交易性合作（比如商家跟非营利组织一起冠名举办活动或者进行动机营销），以及融合性合作（合作方需要一起付出努力，以创造持久的效应）。虽然当

① Austin, J. E. (2010). From organization to organization: On creating value. *Journal of Business ethics*, 94, 13-15.

前文献并没有明确验证是不是整合程度越高，合作关系的积极效应就越大，但是跨部门合作被很多学者推崇为复杂社会问题的解决路径之一。关键在于找到合适的战略伙伴。

从国际上的成功经验来看，跨部门合作模式有助于创新，比如欧洲（例如荷兰）等地倡导的Triple-Helix模式，就是将大学、商业机构和政府结合（Triple-Helix[①]）以解决社会难题。在数据收集过程中，我们发现寻找跨部门合作伙伴是需要很大成本的，并不是所有社区都有足够的资源和精力。尤其是刚起步的联盟，无法将各个部门的兴趣和需求整合在集体议题下。我们的研究发现，很多联盟都是由非营利组织或者政府部门牵头成立，商业机构的参与极少。这很可能是因为当地社区还没有足够的议价能力，以说服商业机构参与；或者社区比较排斥商业化，担心商业机构介入的合理性。

现在全世界关注的是如何倡导公众打疫苗，我们可以从中吸取教训，分析如何将“参与者”多元化，以更好地整合商业机构、政府部门，以及非营利组织的资源，去创造更大的社会影响力。

社区系统解困框架的第二个轴关注的是联盟的治理方式。简单来说，就是如何完成工作。组织联盟跟人与人之间的合作不一样，它们涉及的资源的范围以及决策的过程都更为复杂。联盟的治理可以从集中度的角度分析，分为集权治理和分权治理。这个研究领域的经典模式是基斯·普罗文（Keith Provan）及其合作者提出的三种网络治理模式[②]：网络行政组

---

① Kimatu, J. N. (2016). Evolution of strategic interactions from the triple to quad helix innovation models for sustainable development in the era of globalization. *Journal of Innovation and Entrepreneurship*, 5(1), 1-7.

② Provan, K. G., & Kenis, P. (2008). Modes of network governance: Structure, management, and effectiveness. *Journal of public administration research and theory*, 18(2), 229-252.

织式、牵头组织式和自治式。这些模式关注的是联盟是否有独立的管理部分，联盟成员之间如何做决定，谁扮演召集人的角色。我们的研究发现，联盟治理的方式取决于社区和联盟的资金以及大家一起需要解决的课题多元性。联盟的治理方式也对社区参与有着很大的影响。现有的非营利组织以及集合影响力的文献对联盟治理方式的有效性还没有完整的结论。有效性的评审还是需要从联盟所存在的时间长短，所关注的议题等多个因素进行综合考虑。

将两个轴结合起来去分析谁来参与以及如何治理，并没有所谓的最佳模式。社区应该根据自己的需求来决定联盟初期可以选择什么模式，随着联盟的成长，如何调整以寻找更佳的模式。在我们的研究中，有的联盟在三年内发生了很多变化，比如定位的调整（关注的教育课题更为具体了）以及召集人的改变。这些变化给了我们足够的数据去分析什么样的资源配置、成员组合可以推进联盟的成功。在中国国情下，社区在选择战略合作伙伴时，需要分析以下几点：第一，是否有足够的资源去招募多元化的部门参与；第二，这些合作单位的参与是否可以帮助联盟增强合理性，从而更有效地调动利益相关者的支持；第三，如何确保联盟进行有效率的决策，去创造社会价值；第四，联盟成员需要确保大家的声音（即便是担忧）都被听取，是否需要创建一个单独的管理部门去整合各方的意见以及协商后勤工作；第五，社区问题的解决需要将社区参与活动和项目融合，如何确保社区居民的意见被收录在解决方案中。

**王璐**

肯塔基大学传播学助理教授。

**点评**

# 集合影响力：从孤立的影响力到大规模的跨部门协作[①]

我们比以往任何时候都更需要集合影响力。不管是2020年突如其来的新冠肺炎疫情，还是气候变化、生态破坏、水资源缺乏、根深蒂固的贫困和不平等系统性问题等，都亟待不同部门、组织乃至国家的通力合作。

集合影响力（collective impact）作为一种解决系统性社会问题的方法论，能够很好地引领这种合作。然而，集合影响力模型并非一成不变，也并非“一刀切”，参与者可根据自身资源和目标选择适当的合作方式。王瑢等撰写的《不要只停留在“集合影响力”》一文，通过对美国多家非营利组织和基金会项目官员的走访和多项合作倡议的整理，对集合影响力这一单一模型进行了补充，提出了基于跨部门参与数量与联盟治理集中程度的“社区系统解困框架”，帮助组织找出与合作伙伴一起协调和实施针对其具体社区的合作方式，进而解决社区面临的真正社会问题并产生系统性变革。

近年来，我国已经有不少跨部门合作行动在实现集合影响力方面做出了有益的尝试。例如，成立于2008年的上海真爱梦想公益基金会（简称“真爱梦想”）融合了企业界、政界以及社会各界力量，为实现“帮助孩子自信、从容、有尊严地成长”的共同愿景而努力。为了促进利益相关者之间的沟通与合作，真爱梦想定期举办“局长工作坊”“校长训练营”“梦想沙龙”等活动，并建立“看见未来教育研究院”“学习共同体研究院”“真爱家长学院”等跨界交流平台，鼓励社会各界新鲜血液持续涌入。

此外，真爱梦想高度专业化的骨干组织也值得关注：其创始人和管理层团队由来自商业机构的资深管理人员、专业人士组成；在公益服务体系的全流程中引入了高效成熟的商业化

---

① 本文作者感谢国家自然科学基金面上项目（72072188、71672146）对研究写作的支持。

管理工具；还通过与当地教育局的配资合作实现了从点到面的跨越式发展。截至2020年底，真爱梦想累计募集善款人民币11.84亿元，服务了全国31个省、市、自治区的2158所学校，这一卓著的跨部门合作行动已让467万偏远地区的学生受益。

在游戏领域，跨部门合作也在悄然进行着。《游戏星球》是首档以电子游戏传递绿色环保理念的纪录片，将于2021年中在Discovery探索亚洲频道播出。在“游戏能改变世界吗？”这一问题的驱动下，三个游戏团队将探索中国宁夏、内蒙古和甘肃的沙漠，并在两个月时间内设计出一款与他们所体验到的我国治沙的理念与实践相关的游戏。这是游戏先锋与绿色卫士的跨圈层碰撞，也是融合竞技与科学的纪实节目。制作相关方不仅包括纪录片制作方，还囊括了游戏开发团队、电竞人、国外沙漠治理研究者、本地治沙乡亲们和游戏学者。虽然其是否能促成破圈效应的影响力有待观察，但打破部门壁垒的合作为集合影响力之路开启了一扇门。

这些例子都表明，更大程度上的社会性变化来自更好的跨部门合作，而非来自单个组织的孤立干预。从孤立的影响力到大规模的跨部门协作，集合影响力能够助力复杂性社会问题得到解决。然而，通过跨部门合作来实现集合影响力，不管是从理念到行动，再到效果评估，都并非易事。集合影响力对各参与方（包括非营利组织、资助者和政府等）都提出了新的要求。毫无疑问非营利组织是其中的重要一方，承担着促成多方面合作的责任。首先，社区本身是集合影响力取得长期性成功的关键部分，非营利组织应积极提高社区在跨部门合作中的参与度。其次，与商业组织合作能够为跨部门合作带来新的活力。最后，将成熟的社会解决方案过渡到政府，或撬动政府网络和资源，有利于扩大其服务范围，并发挥长期的社会影响力。

其次，在集合影响力概念下，资助者在跨部门合作中扮演的不仅仅是提供资金的角色，还是重要的合作伙伴。他们将不同的行业领域和社区聚集在一起，解决复杂的问题，以及带来持久的变革。资助者应该了解与权衡合作伙伴的多样化需求，带有关切地促进联系，并且为合作提供资金。对于资助者而言，兼顾资源和成本的最优化，实现经济与社会利益的双赢，是其在履行社会责任过程中秉持的基本准则。从这一角度来透视跨部门合作，其核心要义便是：如何将商业理念与社会使命整合起来，创造出新的共享价值。只有当资助者与非营利组织结盟的出发点更多源于内部价值理念的认同和知识共享的需要时，双方才能更大程度地参与联盟战略制定。同时，联盟过程和治理的复杂性也将进一步加剧。

再次，政府应制定更为友好的公共政策，助推集合影响力的实现。中国情境下大规模的跨部门合作尤其有赖于政策制定者的支持与参与：一方面，将政府责任的定位从直接的“公共服务供给方”转变为“公共服务价值共创者”；另一方面，政府可以建立以人群和问题为关注点的跨部门机构，为跨部门合作提供资金场地、政策配套、信任背书等各方面的支持。

在中国国情下，通过发起或参与跨部门合作创造集合影响力需要注意以下三点：第一，从合作发起动机来看，跨部门合作是一个连续体的概念，各联盟形态在合作的深度和广度方面均存在不同程度的差异，不能以单一标准来判断联盟动机。第二，从合作过程来看，跨部门合作是一个动态演进的过程，不同联盟关系在不同阶段有其专有的目标和意图，并且可能会随着时间演进而持续变化，以满足各方需要，联合各方参与者，特别是在骨干组织的协调下，应当动态地调整联盟关系。第三，从合作效果评估来看，跨部门合作效果是一个多层次构面：第一个层次强调联盟短期的、直接的绩效，即对预期实现目标及利益相关群体的直接影响，这是大多数联盟着眼于达成的目标；第二个层次是联盟对参与方能力建设、知识技能和声誉资本的提升作用，强调合作对组织长期成功的影响；第三个层次则为创造更长期的效果，例如解决公共问题的新制度、创新服务方式的普及等，较少数联盟能达成并清晰地衡量这一目标。

近些年来，企业与非营利组织的合作与互动越来越多，这对促进我国经济社会的包容性增长，解决目前的社会不公平、环境保护等问题具有重大意义；不过，在慈善公益领域发生的一系列危机事件，也使公众和社会对一些跨部门合作提出了较多质疑。一方面，非营利组织、社区、捐助者、政府等在特定社会问题的跨界合作，有助于整合不同部门的资源、技能和核心能力，接触不同的知识和利益相关群体，更有效地处理社会、环境事务；另一方面，由于使命、价值观、目标、客户承诺和绩效度量等各个方面的差异，跨界参与方也经常难以磨合，实现基本的合作目标已经不易，更不用说进一步的知识转移、能力培育和社会政策推动。

因此，如何推动非营利组织、捐助者、社区、政府，甚至学术界、媒体各方更有效地合作，以融合更多跨界资源，更好地发挥集合影响力的作用，成为当前我国企业社会责任和公益研究及实践领域面临的重要挑战。

同时需要注意的是，正如王瑢等所强调的，解决复杂社会问题并不能依赖“集合影响力”这种单一模式或话语体系。不管是联盟主导方还是参与方都应当充分识别和利用自身资源和目标，找到最适合自身的可行方案；一味追求大规模集合影响力不一定是每个跨部门合作追求的终极目标。“大而全”固然有利于推行大规模的社会问题解决框架，“小而美”亦有助于联盟专注于社区和自身需求，应探索根据社区实际需求制订量体裁衣的联盟方案。

**尹珏林**

中山大学管理学院副教授、博士生导师。

**点评**

# 在中国的治理情境和合作框架下建立起跨部门联盟

“社区系统解困框架”针对“集合影响力”单一模型的不足，提出了联盟合作解决社区问题、产生社会影响力的四种模式类型，为社区确定合作框架以解决真需求、真问题提供了一个系统工具。

然而，尽管这种分类模型有益于回答在具体某种集合影响力的“共同奋斗”联盟中“谁来参与”“参与程度如何”“如何工作”等问题，但却无法为有着信息壁垒、资源隔阂、不同行为逻辑及利益诉求的各组织之间究竟如何形成富有信任、互惠互助的可持续性跨域合作伙伴关系提供切实可行的解决思路。实际上，如果这一问题能够破解，那么社区系统解困框架或许还可以找到一个更优解，不仅实现帕累托改进，亦能够突破现有条件的限制，吸引外部经济、社会、文化资本介入，形成更为高阶的社区联盟生态体系。

与美国类似，中国目前也面临着愈加复杂和系统的社区问题。近年来，伴随乡村振兴、城乡融合战略的实施，中国城镇化加速催生出一系列差异化的多元异质性社区类型，社区体量、社区利益主体、社区公共服务需求，社区社会问题等一时激增，为社会治理带来了巨大难题，极大地挑战着原有的治理结构与治理能力。在这样的背景下，形成适应中国国情的“集合影响力”系统便时不我待。

实际上，在中国，社会各界业已意识到建立联盟、形构合作伙伴关系对社会治理的重要意义。那么，如何在中国的治理情境和合作框架下建立起跨部门联盟以应对社会问题的解决？2019年，党的十九届四中全会提出了“建设社会治理共同体”的命题，激发了社会各界踊跃探索社区治理体系创新的动力及活力。尤其是随着近年自下而上的社会精英和第三部门在中国大地逐渐成长起来，地方涌现一系列以政社合作为框架的政策创新试验，兴起了“三社联动”“网格化管理”“四社联动”“社区总体营造”“微基建”等制度创新，形成了政府主导模式、市场主导模式、社会自治模式，非营利组织（包括专业社工机构、专家等）参与模式等典型社区治理模式，初步进行了“集合影响力”的本土尝试。

其中，政府主导模式以政府为主导发展公共参与，开展政社合作。如北京右安门街道采取“社会监督员”做法，建立社区民众与政府的制度化沟通。市场主导模式则以市场力量（如房地产产业、物业公司等）为依托。如深圳桃源居社区以开发商为主导，通过成立社区公益基金会来支持社区服务中心建设，从而促进社区参与推动多元主体的合作治理。社会自治模式依靠社会力量尤其是社区居民自发组织。如南京翠竹园社区，由社会精英创建的社区自治组织——社区互助会，推动了社区公共事务自治模式的形成。非营利组织参与模式指由专业社会组织、专家学者等新兴社会力量介入社区激活社会促进政社合作的模式。如北京以专家为主导开展“社会再组织实验”“社区提升实验”的清河实验，建立“社区议事委员会”等。成都青羊区、金牛区以专业社工机构介入社区营造为依托提升社区社会资本，从而促成政社合作。

如何看待中国当前的社区治理与“集合影响力”实践，其中涉及两个关键问题。其一，制度环境方面，中国的跨部门合作伙伴关系显然有着与美国不同的治理情境，除央地关系、府际关系、条块关系等结构差异外，中国还强调党建核心引领及项目制的治理逻辑，这也就意味着中国的社区合作模式必然建立在具有特殊性的政社关系、党社关系、社区与社会组织关系等结构基础之上，并呈现出不同的角色分配、资源配置与合作机制等。其二，主体能力方面，跨域合作伙伴关系的形成还会受到社会各主体对合作的认知以及自身能力的影响。中国的非营利组织更多还处于“在成长”状态，故而跨部门合作在中国除了受到政府对这一社会创新的认知和态度影响外，非营利组织自身的治理能力也会深刻影响合作框架的建构。

因此，中国版的“集合影响力”，即“社会治理共同体”研究还要更多关注回应“以人为本”“关系治理”“社会资本培育”等问题。未来我们不仅期待关于中国集合影响力本土模式的横向研究，还期待关于如何增进社会治理主体专业能力以及合作能力的系统研究。

**杨琳**

中央民族大学管理学院博士生。

# 愿景式沟通①

作者：道格·哈塔维（Doug Hattaway）
译校：范璟雯、曹卓、丁倩茹

一种与目标受众构建身份认同，让组织使命与公众的个人理想相联系的品牌传播策略。

在威斯康星州密尔沃基市郊区的一个办公园区内，两位女士站在市场研究中心的会议室里。房间里只有两把椅子和一张小桌子。其中一位女士是心理学家米基·德赛勒斯（Mitzi Desselles），她正在指导另一位女士了解“危险边缘”活动。这是2005年的事情。

德赛勒斯让这位女士站在房间一侧代表现状的位置上。传播学研究人员和策略师们在一面单向玻璃后观看。

“这是你感到舒适的位置。”德赛勒斯说道。然后，她指了指房间的对面：“那边代表着同性婚姻。”

德赛勒斯温柔地领着那位女士向前走了几步，来到一个代表立法保护LGBTQ（性少数）群体不受就业歧视的位置上。这位女士表示她对此感觉良好。她们再次向前走了

① 原文选自*Stanford Social Innovation Review*, Winter 2020 Issue，原标题为Aspirational Communication。

MCCAULE

几步，又停了下来。“这是民事结合。”德赛勒斯说，民事结合赋予那些没有得到社会认可的婚姻关系的伴侣以合法权利和责任关系。同样，这位女士表示对此感受良好。

大约走了四分之三的路程后，她们停在了德赛勒斯所说的“同性婚姻”的位置上。这位女士向下看，仿佛在俯视危险的悬崖。德赛勒斯问她为什么对同性婚姻的主张感到不安。“我想要用公平的视角看待这件事，但是这对我来说很陌生。”女士回答道，“我从小接受的教育就是婚姻是一个男人和一个女人之间的事情。”她的回答中有矛盾之处，这与其他几十位这项活动参与者的回答相呼应，让我们深入理解了同性婚姻倡导者所面临的挑战。正如一位著名的政治民调专家在那个时候对我说的：“你这辈子都不会看到同性婚姻实现。”

“仅仅获得多数人的支持是不够的，”“婚姻自由”（Freedom to Marry）组织的创始人埃文·沃夫森（Evan Wolfson）在谈到如何在有争议的议题上实现大规模、长期性的态度改变时说，“你需要赢得坚定的多数人的支持。你需要赢得那种不会被削弱或动摇的多数人的支持。”

沃夫森创立的组织在美国领导了争取同性婚姻权利的斗争。在一些政治策略师看来，获得这样的多数派支持不仅是婚姻平等运动中的一场艰苦的战斗，甚至是不可能实现的。1996年，《保护婚姻法案》（the Defense of Marriage Act，该法案将婚姻关系界定为男性和女性之间的关系）生效的那一年，盖洛普民意调查公司（Gallup）首次就这一议题进行调查时，只有27%的美国公众支持同性婚姻合法化。在21世纪的最初10年，30个州的婚姻平等运动在全民公投中失败。

快进到2018年，盖洛普关于这一话题的调查报告显示，67%的美国公众支持婚姻平等，这一变化要归功于美国最高法院在2015年做出的具有里程碑意义的“奥伯格费尔诉霍奇斯案”（Obergefell v. Hodges）判决，如今婚姻平等已写入美国法律。在盖洛普2015年的调查中，婚姻平等的公众支持率首次达到60%，并且此后再未低于这一水平。曾经被一些策略师认为毫无希望实现的目标已经成为新常态。

在成功获得压倒性的多数派支持的过程中，婚姻平等运动实现了一些社会科学家所说的“持久的态度转变”——一种长期的、抵抗回潮的态度转变。[1]这一成果需要数百万人，在人们长期忽视和中伤性少数群体的不利情况下，改变自己在非常私人的议题上的想法。这同时需要反击那些无休止地想要维持现状的力量，这些力量包括前总统乔治·W. 布什在内的有权势的政客和全美婚姻组织（National Organization for Marriage）等财大气粗的团体。

在本文中，我将通过“愿景式沟通”的视角来分析这一非凡的壮举，“愿景式沟通”通过将某项事业与目标受众对自己生活的期望相联系，激励和动员人们支持这一事业。具体而言，我提出了一个基于该方法的六步框架，这有助于社会运动实现持久的态度转变。为了扩大讨论的范围，我展示了这一框架在另一场运动中的运用，这场运动同样是要改变态度和行为，涉及的是一个非常不同但同样困难的议题：青少年吸烟。

## 培养新的身份认同

据统计，在2000年，有23%的美国青少年吸烟。而得益于非营利性公共卫生组织“真相倡议”（Truth Initiative）开展的成功且广受赞誉的运动，青少年吸烟率在2019年降至5%。在2000年全美范围内启动之前，该倡议在佛罗里达州和马萨诸塞州的试点就已经实现了青少年吸烟率的大幅下降。[2]“真相倡议”的传播策略是，通过向易受烟草影响的青少年宣传“理想的身份”，改变他们对吸烟的态度。我们每个人都有很强的动力去尽可能成为我们真正想要成为的那种人，也就是我们的理想身份。[3]“真相倡议”运用了这一心态，通过文字、图片和故事来宣传无烟的生活方式，让人们觉得做一个不吸烟的人很酷。“真相倡议”塑造的品牌形象预示了人们当下或想成为的样子，帮助人们表达了自身的理想身份。[4]“真相倡议”团队面临着艰巨的任务：青少年高危群体正受到强大的逆向影响——比如同龄人的压力，电视和电影中对吸烟的美化，以及烟草公司花在市场营销上的数十亿美元。为了降低吸烟率，“真相倡议”的理想身份品牌形象策略必须推动足够持久的态度转变，以抵抗烟草行业的营销活动。

2005年，根据这年发表在《健康传播杂志》（*Journal for Health Communication*）上的一项研究，“真相倡议”运动取得了成功。这一研究发现目标群体对于吸烟的新态度能够长期保持。“‘真相倡议’的品牌资产，一旦建立，没有受到烟草行业营销的反作用力的影响，”这项研究的作者写道，“品牌具有持续性的力量，尽管存在潜在的反作用的信息，品牌形象仍然有效。”[5]

“真相倡议”与“婚姻自由”类似，通过吸引目标受众的理想身份认同，推动了大规模的态度转变。我们可以从下面提出的“愿景式沟通”的六步框架来理解这场运动的有效性（见第61页“实现持久态度转变的六步框架”）。

## 第一步：关注内心矛盾的群体

当你在一个有争议的话题上调查广大的持中立态度的群体时，你可能会发现很多人是矛盾的。我们往往在那些说自己“有两套观念”或者“有冲突的感受”的人身上观察到这种心态。这些内心的矛盾让他们感到不安，故而促使他们通过努力解决这些矛盾来获得心安。那些在有争议的社会议题上感到纠结的人，最终可能会改变他们的世界观，通过与周遭不断变化的世界和解，获得内心的平静。[6]

要为婚姻平等获得绝对的、持久的多数人的支持，不仅需要劝说那些尚未决定立场的人，还需要说服那些声称反对的人。在反对者中，“婚姻自由”组织关注到其中一个特别的群体：赞成民事结合，但是不支持在法律上承认同性婚姻的人们。根据皮尤研究中心（Pew Research Center）的民意调查和“婚姻自由”组织的分析，在全美范围内，这一人群约占总人口的15%。

“婚姻自由”组织的报告显示，这些内心矛盾的选民“希望公平地对待和支持性少数群体，但是他们并不认为婚姻是同性伴侣‘本来应得的’”。他们的立场表明，这些选民可能是矛盾的，因此对其进行劝说是有机会获得支持的。

“真相倡议”运动同样关注这些矛盾的人。在青少年吸烟的问题上，“真相倡议”的目标受众是那些“从未吸过烟，但不排除可能在未来一年内或者在朋友邀请下尝试吸烟的年轻人”。[7]与婚姻平等运动的“矛盾”选民相似，“真相倡议”的目标受众在吸烟问题上似乎有两种想法。

## 实现持久态度转变的六步框架

“愿景式沟通”的途径需要回答六个方面的问题。

| | |
|---|---|
| 第一步 | **关注内心矛盾的群体**<br>对于你在推动的事业，人们是否有两套观念，或者说他们是否有矛盾情绪？ |
| 第二步 | **理解他们的焦虑**<br>人们对你致力于改变的事业可能会有哪些焦虑？ |
| 第三步 | **将你的事业与他们的真实理想相联系**<br>人们有什么和你的事业相联系的理想？ |
| 第四步 | **用正向语言来构思**<br>你是否使用了有意义的、令人印象深刻的话语？ |
| 第五步 | **分享策略性的故事**<br>你可以讲述哪些故事，从而激励你的目标受众？ |
| 第六步 | **帮助人们思考并成为最好的自己**<br>你的组织如何帮助利益相关者成为他们想成为的那种人？你能贡献什么想法、信息或活动来帮助人们反思你的议题？ |

## 第二步：理解他们的焦虑

焦虑往往是与争议性社会议题相关的内心冲突和公众骚乱的成因。美国精神病学会（American Psychiatric Association）将焦虑定义为一种对预期威胁产生的不舒服的感觉，而预期威胁指的是未来可能发生的、让人感到不安的事情。[8]在大脑中，焦虑会扰乱注意力、集中力和记忆力，让人们趋向封闭，而不愿接受新的想法。[9]当人们对婚姻平等这样的社会变革感到焦虑时，你首先需要打消他们的担忧。

德赛勒斯发现了一些在对婚姻平等感到矛盾的群体中导致焦虑和疑虑的因素。对于一些人而言，这一议题引发了他们对社会未来发展的担忧，他们担心同性婚姻会使社会加速螺旋向下。2004年，乔治·W.布什总统正是利用了这一焦虑，在宣布支持宪法禁止同性婚姻时，称这是保护“这项最基本的文明制度”的唯一途径。

德赛勒斯的研究表明，婚姻平等引发了人们的无力感，尤其是在男性群体中。其他参与者质疑同性关系是否真诚，并认为该运动是要通过“重新定义”婚姻来颠覆婚姻制度。有些人担心，政府会强迫宗教机构举行同性婚礼，这违背了他们的信仰。

这些感受揭示了一个令人不安的情感领域。为了能在这一领域里前行并解决这些焦虑，婚姻平等运动需要找到方法，以帮助内心矛盾的群体在认同同性伴侣的权利和关系时感到舒适。

在减少青少年吸烟运动中，“真相倡议”研究了人们青春期的情感领域，青春期对青少年来说是一个高度焦虑的时期，很多人担心同龄人对自己的看法。[10]对他们而言，相比抽象的因吸烟造成肺部损伤的未来预期，社交焦虑和同龄人压力要更加真实和直接。

WE WILL BE THE
GENERATION THAT
ENDS SMOKING
我们将成为终结
吸烟的一代

青少年反吸烟运动的广告使用了表现青少年叛逆独立的图像。

约翰斯·霍普金斯大学彭博公共卫生学院的青少年健康发展报告显示：“不断感觉自己‘站在舞台上’（on stage），感觉每个人和每件事都与自己的外表和行动有关——这是一种贯穿青春期始终的体验。”[11] 为融入社会群体而感到焦虑的青少年，更容易受到来自同龄人认为吸烟很酷的压力。

“真相倡议”运动理解青少年对于融入群体和“酷”的焦虑，并旨在通过让“不吸烟”行为变得很酷来解决这种焦虑。在佛罗里达州的试点项目中，“真相倡议”运动团队向青少年求助，寻找达成这一目标的最好方法。

“我们真的需要那些参与活动的青少年的帮助，这使我们与他们对酷的定义保持一致，而不是想当然地以为那些我们认为很酷的东西就是他们认为很酷的东西。”担任佛罗里达州项目新闻发言人的卡莉亚·鲍曼（Carlea Bauman）表示："你永远不能说'吸烟不酷'，我们在这个活动里也从来没有这么说过。这对于一些真的想说吸烟不酷的成年人来说是很困难的，但这样说的话会显得根本就不真诚。"

## 第三步：将你的事业与他们的真实理想相联系

将议题与人们的理想相联系，挖掘那些定义和激励人们的想法和情感，这能为解决焦虑开辟一条有效的途径。一个人的理想包括了他想成为的那种人、想拥有的生活、想生活的世界。理想对于我们的个体化身份认同很重要，在引导我们的态度和行为方面发挥着强大的作用。[12]

更重要的是，树立起将不同背景和观点的人们联系起来的共同理想和价值观，能够帮助我们在社会事业中"看见自己"。当我们感受到那些看似与我们截然不同的人，却有着与我们相似的理想和价值观时，我们会与他们建立联结。我们会认识到我们共有的人性。

在大众对同性婚姻议题的恐惧和疑虑中，德赛勒斯的心理学研究发现了一个共同的理想，这一理想后来成为改变人们心态和观念的支点。一些矛盾的选民实际上表达了对同性伴侣的尊重，认为他们一定是因为"真心相爱"，才能不顾歧视和社会压力坚持在一起。这些忠贞不渝的伴侣代表了许多人对于婚姻的理想：一生一世的承诺。传统婚礼誓言中所阐释的理想，即"无论境遇好坏"都要在一起，这既是该运动需要说服的矛盾选民们所相信的，也是努力争取婚姻权利的同性伴侣的愿望。

这种围绕婚姻的真实的、共同的理想，对于减少焦虑、解决内心矛盾并推动平权运动至关重要。认知研究表明，我们最有可能喜欢和信任那些在某些方面与自己相似的人。[13]那些明白同性伴侣对婚姻有着与他们相同理想的选民，就不太可能有被威胁的感受。他们便能理解同性伴侣希望加入婚姻这一制度，而非破坏它。

“真相倡议”运动通过品牌形象策略，与青少年的理想建立联系，就像服装公司或者其他消费品牌营销其产品那样。心理学研究表明，年轻人会接受反映其价值观的理想身份认同，并且通过行动强化这一身份。[14]“真相倡议”运动直接与年轻人合作，设计了一个重点关注青少年理想的品牌人设形象：独立于成年人，表达个体性，更多地掌控自己的生活。[15]用一句关于“真相倡议”运动的研究的话来说，“真相倡议”宣扬“烟草行业的行为对社会是不负责任的，青少年反抗烟草行业，掌控自己的生活，从而确立自己的独立性”[16]，这一叙述使“真相倡议”与青少年的理想相通。

“真相倡议”运动颠覆了吸烟作为独立青年人的象征这一观念。一项针对年轻人（即“真相倡议”的目标受众）的调查显示，在全美性运动开始的10个月，认同“不吸烟是表达独立的一种方式”的人数增长了22.2%。[17]事业与理想结合是这场运动成功的关键。

## 第四步：用正向语言来构思

一旦清楚理解了目标受众的情绪和理想，我们就该着手精心策划我们要传递的要点了。人们听到的有关议题的第一句话会影响他们接下来的每一个看法和判断，所以在一开始就战略性地构建一个主题是非常重要的。[18]在谈论议题时，你首先（和最频繁）用到的词语应该是那些简单但有意义的词和短语，它们能够定义议题，赢得目标受众的青睐。我把这些词语称作“正向语言”（winning words）。

通过传播有关民事权利和平等的法律保护等要点，婚姻平等运动起初在大约四分之一的选民中获得了支持。将这一议题的讨论定位在这些层面，让运动赢得了那些已经倾向于支持性少数群体争取法律平等对待的人们的支持，但他们的人数不足以占据绝对多数。大多数人并不从法律的角度看待婚姻。此外，一些非正向的语言会产生负面效果，比如讨论婚姻在法律上的“好处”，让人们认为同性伴侣结婚是为了获得税收优惠和其他福利。为了获得足以取胜的多数人的支持，这场运动需要“正向语言”。

洞察到人们对于婚姻的共同理想，婚姻平等运动将其主题重新定义为对“爱与承诺”的尊重。在 1983 年，埃文·沃夫森就已在自己的法学院毕业论文中提及这些概念。这篇论文表达了他对婚姻平等的愿景。“我最初想从事关于婚姻的法律工作，一部分也是我主张这种共同的、理想的、承载了价值的，关于爱、承诺、家庭的词汇。”他说道。

不同政治派别的选民都很容易与“爱与承诺”产生共鸣。爱、亲密关系和归属感是人们普遍的愿望。首先，“爱”直击人们的内心。“承诺”则直指婚姻的责任，以及维持长期关系所需要的奉献、努力和忠诚。这两个简单的词反映了很多人认可并奉为生活准则的个体价值观。

“爱”和“承诺”不是什么花哨的词。人们熟悉它们。事实上，人们很容易理解、记忆和重复这些词，这使得这些词更有可能口口相传——这是一种极具说服力的传播沟通方式。更重要的是，易于回忆的信息更有可能影响我们的思想和行动。

这一简洁明了的品牌标语同时对反对派进行了有力的反击，后者排他性地将婚姻定义为“一个男人和一个女人的结合”。婚姻平等的支持者现在可以直接简单地回应：“婚姻是两个人之间的爱与承诺。”这两个词语帮助婚姻平等占据了道德制高点，赢得了大多数人的支持。谁想要阻挡爱与承诺之道呢?

同样，青少年烟草行动的品牌标语也运用“真相倡议”这一简单而深刻的“正向语言”，为运动奠定了框架，并唤起了其核心诉求。这个简单的词语体现了这一运动与烟草行业的对立——后者欺骗年轻人，隐瞒吸烟的危害，通过让他们对香烟上瘾而剥夺了他们的独立性。[19] 这一运动的名称将年轻人定位为自主的、独立的真相讲述者，与烟草公司的权势和欺骗行为进行斗争。

“真相倡议”这一名字是参与佛罗里达州试点计划项目的年轻人确定的。佛罗里达州运动的新闻发言人卡莉亚·鲍曼表示，这些负责的年轻人“对什么概念能真正奏效有着更敏锐的感知”。这场运动最初想要叫“愤怒”（Rage），但是年轻人们否定了这个想法。“孩子们选择了‘真相倡议’这个名字，因为这个活动旨在揭发烟草行业的真相。”她说道。

“真相倡议”呼吁人们采取行动的口号是：成为永久终结吸烟的一代人。这体现了当今年轻人作为变革者的理想身份认同，而这种用语的选择也获得了广泛的研究支持。研究发现，美国年轻人的一大理想身份认同是成为世界上积极变化的推动者。凯斯基金会（Case Foundation）委托的一项名为“千禧一代的影响力项目”（Millennial Impact Project）的研究对 1980 年至 2000 年出生的 10 万多人进行了调查。研究发现许多人渴望重塑社会，推动社会变得更好，其中千禧一代尤为如此。他们认为，相比政府或者其他机构，自己和同龄人是更好的社会变革催化剂。这代人中有三分之二认为，自己可以对世界产生“中等的”或者“巨大的”影响力。[20]

“对于千禧一代而言，每天或者每周坚持进行积极的行动，是他们身份认同的基本组成部分。”凯斯基金会的首席执行官吉恩·凯斯（Jean Case）写道，“在变革方式的演变过程中，这一代人不再像他们的父辈那样，将自己视为‘社会活动者’，而是将自己视为‘日常变革者’。”[21]

## 第五步：分享策略性的故事

婚姻平等运动的“爱与承诺”不仅是一条简单有力的口号，还为新的故事讲述策略奠定了基础。

讲述故事是最有力的沟通方式。[22] 我们通过故事学会语言，构建价值观，理解世界如何运转。为了理解一个故事，我们首先需要相信它传达给我们的东西，诗人和哲学家塞缪尔·泰勒·柯勒律治（Samuel Taylor Coleridge）称之为“自愿搁置怀疑”（willing suspension of disbelief）。读者必须抛开批判性的推理和评价，接受虚构作品中那些充满幻想的前提，才能享受它们，无论是读一本小说，看一部电影，还是听一位故事行家讲故事。如果你抱有一种高度理性、批判或评价的心态，那么你就不太可能获得享受的体验。

研究表明，当我们听到关于真实人物的非虚构故事时，也可能会出现搁置怀疑的情况，我们放松警惕，相信故事，以便理解它。当我们听到一个关于两个男人或者两个女人相爱的故事时，我们的大脑便产生了“我相信这是可能的”这样的体验。如果之后要质疑这个故事，就需要额外的心理努力。我们偏向于相信故事。[23]

但是故事讲述策略不仅仅是这样。要想通过讲述故事来实现目标，故事需要表达特定的理念，触动人们的情感共鸣，从而真正打动他们，让他们支持你的立场。很多组织和运动都忽视了这一点。虽然越来越多的组织和运动意识到了故事讲述的情感力量，但他们没有清楚地理解或表达出故事所需承载的基本理念，因而未能说服目标受众，实现持久性的态度转变。

以婚姻平等为例，“爱与承诺”这一宏大概念指向了一个明确而简单的故事讲述策略：分享有关伴侣之间的爱与承诺的故事。

在美国第一个允许同性伴侣结婚的州——马萨诸塞州，倡议者用一个简单而有效的广告开启了新的故事策略。这个故事的主角是两位女士，在其中一位被诊断出患有癌症后，她们如同誓言所说的那样，“无论疾病或健康”一直在一起。她们的故事展现了她们承诺的真实性；文字、形象和故事相互融合，表达了共同的愿望。

“爱与承诺”并不只是一个宣传口号，而是这场运动的核心。一项针对马萨诸塞州

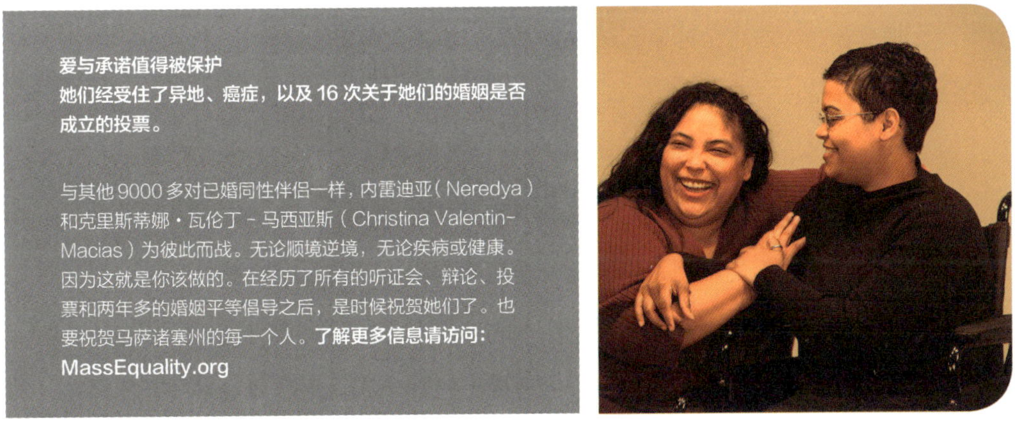


支持婚姻平等的广告传达了同性伴侣的爱与承诺，连接共同的希望和梦想。

的性少数群体的定性研究发现，处在相互忠诚的关系中的人更有可能为性少数平权事业而行动。这种简单而深刻的讲述故事手段不仅说服了那些矛盾的选民，还奠定了坚实的支持者基础。通过新闻媒体和社交媒体，同性伴侣在公开听证会和竞选集会上与他们的邻居和议员分享他们的故事。这些深具个人色彩的故事将“爱与承诺”的理念千百次地传递给人们，触动了数百万人。

“真相倡议”运动还通过广告和社交媒体进行策略性的故事宣传。“真相倡议”运动指出了烟草行业如何狡猾地散播虚假信息并制造依赖，还强调了年轻人独立推动改变的力量。

“我们的基本理念是利用具有挑战性的、发人深省的广告内容和自我克制的青少年形象，反抗那些阻止他们表达自己独立性的力量（即烟草行业）。”发表于 2002 年的“真相倡议”运动的研究报告写道。[24]

这场运动的第一个全国性广告“尸袋”，以年轻人在菲利普·莫里斯国际公司（世界第一大烟草公司）的总部外倾倒尸袋为主体，戏剧化地展现了烟草造成每天 1200 人死亡的这一现实。

这种讲述故事的方式让年轻人感受到自己是社会运动的一部分，这增强了反吸烟运动的积极力量。“就像之前反对越南战争的抗议者那样，‘真相倡议’青少年会穿上反抗体制（烟草行业）的战袍，创造出一个促进同龄人情谊和使命感的环境。”发表于 2002 年的研究报告写道。

“真相倡议”运动的影响力，在很大程度上归功于其运用图像讲述故事的策略。其目标受众很容易就从“真相倡议”树立的形象中看见自己。此外，同样重要的是，看见理想中的自己。“真相倡议”的故事塑造了不吸烟的青少年的形象，他们看起来很酷、很独立、很叛逆。[25]

从一开始，“真相倡议”就让当地参与运动的年轻人在广告中讲述自己的故事，而不是让演员来表演。在新闻媒体和社交媒体上，同样是年轻人在代表这一运动，而不是成年人向思想独立的青少年（目标受众）传递运动的主旨。这种方法既有策略性，又有真实性，是增强故事影响力的一套必要的组合拳。[26]

“真相倡议”运动目标受众中的青少年可以从“真相倡议”的形象中看见他们理想中的自己。

## 第六步：帮助人们思考并成为最好的自己

虽然关于爱与承诺的故事讲述策略，让人们看到同性伴侣之间真实的关系，并对他们产生共情，但这并不能确保婚姻平等运动的胜利。实现持久态度转变的最后一步，是帮助矛盾的选民从自己的情况出发，思考这个议题，决定追求自己的理想形象，成为自己想要成为的那种人。

很多人认为，有关政治议题的策略性传播，与产品的营销是相似的：按下情感的按钮，促使人们购买产品或者立即开始行动。情感是至关重要的：传达的信息必须唤起人们的情感反应，才能让人们注意到它们，记住它们，内心受到触动并开始行动。[27] 操纵人们的情绪，尤其是愤怒和恐惧的情绪，是政治领域中屡试不爽的策略。

然而，要真正改变人们对一个充满文化、政治和个人争议的议题的态度，需要的不只是按下情感的按钮，还需要被两位研究说服性传播沟通的社会科学家理查德·佩蒂（Richard Petty）和约翰·卡乔波（John Cacioppo）称之为“细致思考”（elaboration）的东西。

“建立在高度细致思考基础上的态度转变更有可能影响思想和行为，更有可能长期保持和抵抗相反的力量。”他们在 1983 年的一篇有关说服的开创性研究中写道。[28]

佩蒂和卡乔波发展了“细致思考可能性模型”（Elaboration Likelihood Model），该模型提出了两条不同的说服路径。他们所谓的“中心路径”即是我们理解中的一般思考过程，也就是信息接收者对信息内容和想法进行仔细思考。这就是模型中提到的“细致思考”。那些花时间思考这个议题的人更有可能有意识地改变自己的想法。一旦他们这样做了，新的态度就能得以保持，并且抗拒再次改变。

当一个话题对我们个人没有影响的时候，我们倾向于采取另一条路径，即“外围路径”。在这种情况下，我们运用自己的直觉，“跟着感觉走”。我们不会考虑支持和反对的论点，而是根据传递信息的主体进行判断。传递信息的人比信息更重要。

为了实现持久的态度转变，婚姻平等运动和“真相倡议”运动都需要其目标受众采取深入思考的路线。“婚姻自由”组织通过广告，帮助人们“细致思考”，这些广告模拟了那些与内心冲突搏斗，最终支持婚姻平等的人所走的心路“历程”。这些广告活动的主角是同性伴侣的朋友和家人，他们在这一问题上转变了态度。在“婚姻自由”的电视广告“为什么婚姻很重要”中，一对异性恋伴侣“达里克”（Darrick）和“凯特”（Kate）讨论了他们的心路历程：

**达里克：**在我成长的地方，同性恋者既不是关注的重点，也不会出现在社区里。

**凯特：**这些年来，我见过一些同性伴侣。他们对彼此的承诺就像我们对彼此的承诺一样。

**达里克：**这是围绕着爱而建立的关系，就像其他关系一样。作为父母，作为邻居，黄金法则（Golden Rule）是非常重要的。

**凯特：**我们教育孩子要以我们希望被对待的方式对待别人。我绝对不希望有人告诉我，我不能结婚。

**达里克：**我们当然不想对任何人否认这一点。

这对伴侣描述了一个历经多年的心路历程，但广告在约 30 秒钟内就捕捉了核心。这个广告不会让人觉得在说教，也不是在告诉观众该怎么想。它只是简单呈现了两个人分享自己的思考过程，并得出自己的结论。最后，这对伴侣决定追求自己的理想形象：遵守黄金法则，成为好父母和好邻居。

鼓励和帮助人们思考自己的价值观和理想——通过像“婚姻自由”的视频、面对面的对话和其他方法——可以促使他们重新考虑自己的立场。实际上，“婚姻自由”的研究发现，黄金法则所传达的理念——以你希望被对待的方式对待他人，影响了很多人，改变了他们的想法。通过信息传播，提醒目标受众他们所希望成为的那种人的形象，推动矛盾的选民从自己的情况思考问题。

注意，达里克称自己为“邻居”和“父母”——这两个角色是他身份的核心。与未使用这些身份的信息相比，使用这些身份名词的信息更有可能激励人们行动起来，因为它们传达出：行为会反映一个人是什么样的人。比如，在一项关于这种动态的研究中，被问及是否想要“做个帮手”（be a helper）的儿童，与那些被问及是否想“帮忙”（to help）的儿童相比，更有可能帮助成人完成一些任务。[29]

很多人看到这场运动反映出的个人身份、理想和价值观，这让他们花时间和精力去深入思考这个议题。从传达的信息中看到自己是至关重要的。“当我们思考信息与自己的信念和目标之间的关系时，就会对信息进行深入的思考。”《社会心理学原理》（*Principles of Social Psychology*）写道。这是一本浅显易懂的参考书，解释了心理学领域的基本概念。[30] 将你的事业与人们的真实理想联系起来，是打开“态度持久改变”之门的关键。这使得你的目标受众超越了共情，走向了自我反思。

“在某种意义上，我们真正把问题从‘你对同性恋有什么看法？’转变为‘你是一个怎样的人？’”埃文·沃夫森说道，“你是一个主张公平的人吗？你是一个相信自由、爱、承诺与家庭的人吗？你相信每个人都应该受到尊重吗？你应该用自己希望被对待的方式对待他人吗？”

如同婚姻平等运动的“历程”广告那样，“真相倡议”运动向其目标受众提供了一种能够带来持久态度转变的深入思考。除了以理想为导向的品牌形象和策略性的故事讲述，“真相倡议”还聚焦于事实。“真相倡议”运动分享了有关吸烟成瘾性、吸烟导致的死亡和疾病、烟草行业的营销行为以及其他值得关注的信息。这种方法能够让目标受众通过思考来得出自己的结论，最终意识到自己的理想。[31]

“我们在这里不是要批评人们的选择，或者告诉他们不要吸烟，”“真相倡议”组织的首席营销官和战略官埃里克·阿什（Eric Asche）表示，“我们在这里是为了武装每一个人，无论是吸烟者还是不吸烟者，让他们拥有进行改变的工具。”

“真相倡议”与梅奥医学中心（Mayo Clinic）合作，设计了一个数字戒烟项目“成为前吸烟者”（BecomeAnEX），通过制订“戒烟计划”，帮助人们将态度改变转化为行动改变。这个项目的第一步是鼓励吸烟者将理想自我形象作为制订戒烟计划的一部分：“你对自己希望成为怎样的人的愿景，将使你的戒烟计划关注在真正重要的事情上。”

## 从毫无希望的事业到新常态

著名心理学家亚伯拉罕·马斯洛（Abraham Maslow）提出过一个颇具影响力的动机

理论，认为帮助人们解决婚姻问题上的内心冲突，有助于他们实现自己的人生理想。这一理论认为，我们会受到这样的动机的驱使，即通过采取行动，让我们自身感到安全、有保障、被接纳，并获得他人的尊重和自尊。我们还会努力通过自己的天赋和能力来实现自我。除了这些自我的动机之外，马斯洛认为，我们还追寻“自我超越”的目标。我们寻求一种使命，这种使命并不是要满足自我，而是要服务他人，与更大的事业相连。[32]

社会运动让我们得以跨越政治和文化的鸿沟，认识到我们共有的人性，有助于我们充分发挥人的潜力。真正改变人心和想法的关键，是让人们将你的事业视为实现自己理想的机遇。用精彩的故事来触动他们的心灵。运用特定的词语，让他们想起自己的理想和价值观。当得出自己的结论时，他们已经改变了自己的想法——而且，很有可能，已经永久地改变了自己的想法。

## 注释


1 S. Christian Wheeler, Richard E. Petty, and George E. Bizer, "Self-Schema Matching and Attitude Change: Situational and Dispositional Determinants of Message Elaboration," *Journal of Consumer Research*, vol. 31, no. 4, 2005.

2 Matthew C. Farrelly et al., "Getting to the Truth: Evaluating National Tobacco Countermarketing Campaigns," *American Journal of Public Health*, vol. 92, no. 6, 2002.

3 Thomas Thornborrow and Andrew D. Brown, " 'Being Regimented' : Aspiration, Discipline, and Identity Work in the British Parachute Regiment," *Organization Studies*, vol. 30, no. 4, 2009.

4 W. Douglas Evans, Simani Price, and Steven Blahut, "Evaluating the truth® Brand," *Journal of Health Communication*, vol. 10, no. 2, 2005.

5 *Ibid.*

6 Charles Stangor, Rajiv Jhangiani, and Hammond Tarry, "Changing Attitudes by Changing Behavior," in *Principles of Social Psychology*, Vancouver, BC: University of British Columbia, 2014.

7 Jane A. Allen et al., "The truth® Campaign: Using Countermarketing to Reduce Youth Smoking," in *The New World of Health Promotion: New Program Development, Implementation, and Evaluation*, Sudbury, Mass.: Jones and Bartlett Publishers, 2010.

8 American Psychiatric Association, *Diagnostic and Statistical Manual of Mental Disorders* (5th edition), Arlington, Va.: American Psychiatric Publishing, 2013.

9 Oliver J. Robinson et al., "The Impact of Anxiety upon Cognition: Perspectives from Human Threat of Shock Studies," *Frontiers in Human Neuroscience*, vol. 7, no. 203, 2013.

10 Amy Morin, "10 Reasons Teens Have So Much Anxiety Today," *Psychology Today*, November 3, 2017.

11 Clea McNeely and Jayne Blanchard, "Forming an Identity," in *The Teen Years Explained: A Guide to Healthy Adolescent Development*, Baltimore, Md.: Johns Hopkins Bloomberg School of Public Health, 2009.

12 Thornborrow and Brown, "Being Regimented."

13 Robert Caldini, "Pre-Suasion: An Introduction," in *Pre-Suasion: A Revolutionary Way to Influence and Persuade*, New York: Simon & Schuster, 2016.

14 W. Douglas Evans et al., "Branding Behavior: The Strategy Behind the Truth Campaign," *Social Marketing Quarterly*, vol. 8, no. 3, 2002.

15 McNeely and Blanchard, "Forming an Identity."

16 W. Douglas Evans et al., "Social Imagery, Tobacco Independence, and the TruthSM Campaign," *Journal of Health Communication*, vol. 9, no. 5, 2004.

17 Farrelly et al., "Getting to the Truth."

18 Daniel Kahneman, "The Associative Machine," in *Thinking, Fast and Slow*, New York: Farrar, Straus and Giroux, 2013.

19 W. Douglas Evans, "Evaluating the truth® Brand."

20 The Millennial Impact Project, *The 2016 Millennial Impact Report: Cause Engagement During a U.S. Presidential Election Year.*

21 Jean Case and Emily Yu, "Millennials: The Rise of the Everyday Changemaker," The Case Foundation, March 14, 2017.

22 See RJ Bee and Kyle Schnoebelen, "Stories Rule Your Brain," The Communications Network.

23 Norman N. Holland, "Why Don't We Doubt Spider-Man's Existence? (2)," *Psychology Today*, July 21, 2009.

24 Evans, "Branding Behavior."

25 Evans, "Social Imagery."

26 Catherine Schum and Robert J. Gould, "The Birth of 'truth' (and What It Tells Us About the Importance of Horizontal Influence)," *Public Health Communication and Marketing*, vol. 1, 2007.

27 Lowri Mair Hadden, "Exploring the Interface Between Emotion and Cognition," PhD dissertation, Bangor University, 2014.

28 John T. Cacioppo and Richard E. Petty, "The Elaboration Likelihood Model of Persuasion," *Advances in Consumer Research*, vol. 11, 1983.

29 Christopher J. Bryan, Allison Master, and Gregory M. Walton, "'Helping' Versus 'Being a Helper': Invoking the Self to Increase Helping in Young Children," *Child Development*, vol. 85, no. 5, 2014.

30 Rajiv Jhangiani and Hammond Tarry, "Changing Attitudes Through Persuasion," in *Principles of Social*

*Psychology*, Vancouver, BC: University of British Columbia, 2014.

31 Allen et al., "The truth® Campaign."

32 Abraham H. Maslow, *The Farther Reaches of Human Nature*, New York: The Viking Press, 1971.

**道格·哈塔维（Doug Hattaway）**

哈塔维传播（Hattaway Communications）董事长，公司使命是利用战略、科学和故事讲述的力量，帮助有远见的领导者和组织，为人类和地球实现宏伟目标。公司为世界各地的基金会、非营利组织、高校和其他目标驱动的组织提供服务。

## 点评

# 如何有效改变态度，激发公众参与感

奥尔波特认为，态度是人们依据生存发展经验系统化了的一种心理准备状态。作为一种内在经验生发的心理倾向，它天然具备稳定性，一旦形成，不会轻易转变。同时它又总是指向某一目标物，天然具有针对性。这些特性导致态度转变需要具备一定环境和条件，科学的方法十分重要，而如何实现态度的有效转变，激发社会公众的认同感和参与感，是诸多社会组织一直在探索的重要实践之一。

《愿景式沟通》一文中，道格 ·哈塔维提议社会组织应采用“愿景式沟通”的方法，即通过将社会组织所倡议的内容与公众对自己生活的渴望联系起来，进而激发并动员人们支持某项社会事业或行动。这种沟通方法曾被详细阐释为“持久态度转变的六步框架”，用来助力行动者对公众态度进行有效的劝服。

事实证明，在美国同性婚姻平等和青少年戒烟运动等社会运动中，只有充分调动人们的想象认同，将冷漠遥远的公共事务与有人情温度的个体关怀建立连接，才更有机会劝服人们的态度发生较为持久的改变，进而有效鼓励或动员人们支持该项事业。

如此一来，行动者需要首先找出阻碍个体态度发生转变的矛盾点，从复杂情绪的入口组织破题。这在某种程度上符合费斯汀格关于认知失调理论的内在逻辑：当认知因素产生失调状态时，人们可以通过改变或增加新的认知因素来调整状态，达到认知协调。实际上，这种说服方式通过调动公众情感参与的积极性产生作用，强化有利态度，弱化不利态度。在公共事业中，若想有效激发社会公众的积极性和参与感，其前提必然是有计划、有策略地寻求处于摇摆的中间领域的公众的态度立场。

我们认为除了激发公众真实的愿望，调动一定的同理心之外，我们至少还应考虑与情感、态度相关联的两个外在因素：情境因素和媒介因素。众所周知，个体正是由于接受了新的信息和意见产生心理的不平衡，从而触发态度上的改变，但是在当下“诉诸情感及个人信念比客观事实更能影响公众意见”的后真相背景下，社会信息与意见系统的无序、信息差和情感差却加剧了信息的失衡螺旋效应。与此同时，社交媒体和草根媒体为普通用户提供了一种从社会信息系统边缘走向中心的可能性，通过改变信息消费方式增加了社会与民主参与的频次、广度与深度，从而改变了个体认知框架，并在此基础上影响社会整体的认知结构与行为模式。

此外，在我国本土情境下考虑态度说服的有效性问题（或言，激发公众参与感的问题），还需充分理解“集体意识”“集中组织”等本土特性，亦即处理好个人与集体、私人与公共、个体性与普遍性的关系，把作者所述的“如何做最好的自己”与共创美好家园的精神理念联系起来。在叙事结构和话语层面，既要符合人类认知思维的科学逻辑，又要传达出真善美的精神信息。

对此，我们可以在所谓抖音爆款视频中窥见一斑。2019年点赞最高的抖音视频是“人民日报”官方账号发布的“武警部队排头兵蒙眼踢正步”，获赞3530.1万，转发41.7万，留言11万；2020年同样是“人民日报”发布的“卸任外交部发言人，记者会上耿爽哽咽了”，点赞量超过3463.7万，留言206.2万，转发32.4万。2021年小满时节，“Vista看天下”发布了一条关于“5月22日，湖南长沙。袁隆平灵车经过处，所有车辆自发停车鸣笛致哀”的视频，仅16小时点赞量2286.5万，留言103.2万，转发17万，6178.8万人在看。虽然在很大程度上存在抖音引流布局的作用，但从留言内容分析来佐证，家国情怀意识、集体荣誉感可见一斑。

实际上，《愿景式沟通》是在探索后真相背景下社会组织进行说服传播的有效路径，也是在寻找智能融媒体时代调动公众参与积极性的有效方法。在中国语境下探讨公共事业问题，不仅要考虑文章所提出的“美好向往和意愿”的个体因素，也要考虑民族认同和国家繁荣的集体诉求，以及与态度劝服过程紧密联系的社会情境和媒介环境两个因素。

**宋芹**

中国传媒大学媒体融合与传播国家重点实验室师资博士后。

# 以慈善资金重建衰落的社区新闻业[①]

作者：朱莉·桑多夫（Julie Sandorf）
译校：王润琼、李欣沂、李雨萌

市场失灵正在摧毁高质量的新闻报道，这需要慈善事业介入来寻找新的解决方案，就像过去对博物馆、图书馆和其他文化机构所做的那样。

布鲁克林市福特格林街区富尔顿街道与阿德尔菲街道的十字路口处，一辆出租车突然转弯，驶向人行道，撞倒了人行道信号灯。这场事故看似伤害不大，因为只损失了一个信号灯。但由于当地没有新闻报道，有惊无险的事故根本无人问津，以至于数月之后，被撞坏的交通信号灯仍然没人来修。

或许你会觉得，纽约市修起信号灯来行动迅速。毕竟，市长比尔·德·白思豪（Bill de Blasio）在其“零死伤”计划中将避免致命交通事故作为重中之重，这项综合计划旨在通过加强执法、新设路标、提升修理速度、优化街道设计等措施让城市街道变得更加安全。2014 年，白思豪宣布这项倡议的地方，距离富尔顿街道和阿德尔菲街道仅几个街区，这里车流量大、事故风险高。2018 年，该市记录的交通死亡人数仅有 200 人，是一个世纪以来的最低值，但是行人在交通事故中的死亡人数却达到了 117 人，和上一年相比有所增长。白思豪对这种趋势表示失望，称将会采取更多措施。

① 原文选自 *Stanford Social Innovation Review*, Winter 2020 Issue，原标题为 Eyes Upon the Street。

NEWSPAPERS

尽管市长做了承诺，但除了原先的灯柱拆掉了，裸露在地面的电线上放了个橙色锥形路标之外，人行道信号灯并没有任何变化。一处交通设施受损看似微不足道，实则不仅意味着存在安全隐患，也说明社区里的人愈发失望，怀疑连关注他们困扰的人都没有。这只是美国市镇居民所面临的危机的冰山一角，这些危机产生的主要原因是城市里基础设施老化、投资不足、社会服务减少、政府不作为，以及公众不予关注。

简·雅各布斯（Jane Jacobs）在她 1961 年出版的经典著作《美国大城市的死与生》（*The Death and Life of Great American Cities*）中，描述了城市如何诞生于无数微小的联系，又是如何诞生于居民的信心的——他们相信决策制定者理解他们和他们的需求。她认为，城市发展的相关决策应基于在街道上观察到的现实，而不是遥远的理论和观念。她提出了“街道眼”（eyes upon the street）这一著名倡议，并讲述了其对于保障公众安全的重要意义。她所指的街道就是字面意思：行人、店主、看向窗外的邻居。但是，鉴于她怀有强烈的责任感，悉心明察城市生活，并根据观察结果采取行动，我认为可以说她所定义的观察者包括记者群体，这些记者心系社区，从而也心系整个城镇。

上述推论令我联想到，我们持续面临的市民危机部分原因是地方新闻业的衰落。如今，美国地方记者的数量远少于 21 世纪初。甚至连美国的新闻媒体之都、我的家乡纽约，情况也是如此。据雅各布斯称，本土记者数量的锐减在美国其他地区更为明显，对社区造成了严重的破坏，与 60 年前的城市规划者破坏城市生活时如出一辙，他们对居民社区一无所知，对城市真正的运作方式视而不见。雅各布斯希望决策者们从象牙塔里走出来，到城市街道上看一看。如今我们也需要更多记者来做同样的事情。不管怎样，我们缺的是实打实的报道：挨家挨户去看、去听，甚至去用鼻子闻出来到底发生着什么。

在这里，我们将探讨地方新闻业的衰落，我们可以如何帮助这个行业重建，以及为什么这个问题重要到不能只靠媒体人士（因为记者凭一己之力无法成功）。重建是必须执行的城市修复计划的一部分（虽然不会是全部），从而重新履行对城市和国家的民主承诺。

## 新闻荒漠

21 世纪初，数字化变革以意想不到的方式将我们联系起来，重塑了我们购买商品和服务、结识朋友、维系友情和亲密关系，以及与他人沟通的方式，同时也改变了我们获取新闻的方式、获取新闻的种类，以及新闻内容的付费方式。在传统的商业模式下，报纸通过广告和销售来交叉补贴报道成本。但广告收入向主要技术平台的大规模转移已经颠覆了这种模式。据《华尔街日报》报道，仅谷歌和脸书就占据了美国近 60% 的数字广告支出，在地方市场则占 77%。

皮尤研究中心高级研究员迈克尔·巴特尔（Michael Barthel）整理的数据显示，数字化时代给报纸行业带来了毁灭性打击。2000 年，报纸行业的广告收入超过了 480 亿美元。2009 年，这一数字为 270 亿美元，下降了近 50%。截至 2018 年，又下降到 143 亿美元。报纸的工作日平均销售量从 2000 年的 5580 万份（纸质版）跌至 2018 年的 2900 万份（包括纸质版和数字版）。新闻编辑部记者的数量从 2004 年的 71640 人减少到 2017 年的 39210 人。1990 年以来，媒体公司裁掉了近 60% 的报业工作岗位，其裁减的职位比不景气的钢铁和煤炭行业还多。

20世纪，支持新闻业的传统广告模式崩溃，对地方新闻业的打击尤为严重。“新闻荒漠”这一概念在10年前可能听起来十分可笑，如今却正像传染病一样蔓延，威胁着类似大小城镇的健康、福利和公民活力。

2004年至2018年间，近1800家美国地方报社倒闭，导致约1300个社区失去了本地新闻报道。[1] 2019年8月，甘尼特（Gannett）和盖特豪斯传媒（GateHouse）宣布合并，使本已陷入困境的业务额外增加了18亿美元的债务负担，并且每年需要削减超过3亿美元的运营成本。这一举措让美国几乎各州的250多家日报、数百家周报，以及社区报纸公司濒临倒闭。

中大型城市的情况也不容乐观。2012年到2018年间，明尼阿波利斯《明星论坛新闻报》（*Minneapolis StarTribune*）、《芝加哥论坛报》（*Chicago Tribune*）、《休斯敦纪事报》（*Houston Chronicle*）、《达拉斯晨报》（*Dallas Morning News*）等都市报纸销售量降幅的中位数在41%~45%之间，相比之下，三家著名的全国性报纸（《华盛顿邮报》《纽约时报》《华尔街日报》）销售量平均下降了29%。2019年5月，成立了182年的新奥尔良《皮卡尤恩时报》被其竞争对手收购，并解雇了所有员工。俄亥俄州唯一的报纸——扬斯敦的《辩护者报》（*The Vindicator*），在经营了150年之后，于8月30日停业。

市场失灵正在摧毁美国其他地方的高质量新闻报道，作为世界媒体之都，并拥有近900万庞大人口的纽约市也未能幸免。2013年到2018年间，仅仅由于《纽约时报》（*The New York Times*）、《每日新闻》（*Daily News*）、《村声》（*The Village Voice*）和新闻网站DNAinfo的裁员、买断或关闭，纽约市就失去了超过125名本地记者。《纽约时报》地铁版的一项调查显示，每周的地方报道从2001年的153篇减少到2017年的48篇。《每日新闻》不再雇用任何对其他行政区新闻进行实地报道的记者，《华尔街日报》也取消了独立的大纽约（*Great New York*）板块，取而代之的是经过大幅删减的报道。到了2018年，没有人再报道法院的消息了，曾经令人生畏的市政厅记者团也早已不及往昔。

## 社区承担的代价

地方新闻报道的减少意味着没有人关注街道上发生的事情，久而久之引发了一些公民问题。简·雅各布斯警告称，摧毁社区的因素之一是人们普遍感觉自己的心声无人倾听（这也是事实）。她最有力的一个例子是纽约市东哈莱姆（East Harlem）住宅区中一片荒草地，当地居民将之视为“危险地带”。一位租户解释说：

> 他们建这块地的时候，没人关心我们想要什么。他们推倒我们的房子，把我们赶到这里，又把我们的朋友赶到别的地方。这儿连卖咖啡或报纸的地方都没有……没人在乎我们需要什么。但是那些大人物到了这儿却看着草地说：“多好啊！穷人也什么都有了！”

近年来，美国上下，甚至是纽约，都可以听见政治弃民怨声载道。2019年，美国政府审计署发布了一份报告，强调了纽约市公共住宅区中活动场地的惨状。纽约住房委员会（NYCHA）做出回应，承诺在90天内检查全部近800个活动场地，却从未落实。其实，4个月后，某住宅区内锈迹斑斑的攀登架掉落，砸中了两名孩子，地点恰恰就位于纽约东哈莱姆区。

实际上，纽约住房委员会从来没有对这个住宅区活动场地，甚至其他任何活动场地进行过检查。一位已经在此居住了30年的老奶奶说：“那儿破得离谱，我爱我的孙子孙女，我从来不让他们去那儿玩。”

2020年5月，人们聚集在市政厅，针对交通事故造成行人死亡提出抗议，在这次集会上，你同时还可以听到政治弃民哭喊。市长宣布将该议题作为重中之重的两年后，仍有儿童死在公交车的车轮下。布鲁克林的那个信号灯也已经坏了2个月了。“为什么要等到年轻人死掉才去维修街道？”集会上一位女士问道，她的儿子在享有优先通行权过马路时被一辆曼哈顿公交车夺去了生命。

在新闻报道缺失的地方，住宅区活动场地失修，交通信号灯倒了，孩子因此受伤，对此人们无从得知，而共享便利设施的社区则更难追究任何人的公共责任。

社区是由大家共同参与的时刻组成的，当地新闻报道对于这些时刻的分享至关重要。没了这些时刻，是所有人的损失。缺少记者可能是危机背后的原因，但仅凭记者的力量是无法解决这个重大问题的。每个人都必须对我们生活的社区负责，因为这关系到我们城镇的未来。

这并不是危言耸听。在美国，最近的研究也阐明了同样的观点。例如，一项研究表明地方报业倒闭导致了市政借款成本增加，因为政府支出没有经过严格审查。[2] 另一项研究发现，地方新闻报道减少导致了公民政治知识减少和政治参与度下降。[3] 城市中新闻工作者大幅减少显著降低了市长竞选中的政治竞争。[4] 地方新闻报道减少导致了人们对国家政治的过度关注，以及更严重的政治极化。[5]

尽管地方新闻报道很重要，但已不再具有广泛的商业价值。这是一个典型的市场失灵案例：私营部门已经无法满足社区的重要需求。因此需要慈善事业介入来寻找新的解决方案，就像过去对博物馆、图书馆和其他文化机构所做的那样。

我们需要一个解决方案。为振兴地方新闻报道，我们需要发起一个旨在发起“非营利新闻”的运动，赋予其由商业规则和专业知识塑造的明确的公共使命，就如同公私合作和社区参与，通过社区发展运动促进了城市社区的复兴。这意味着在本地进行投资，但同时也要考虑建立数量可观的分支机构，在大小规模的市场上展示出地方新闻采取非商业模式的可行性；同时意味着通过技术辅助和专家指导的投资来形成收入渠道，实现增长管理，发展受众并接触社区；还意味着通过投入耐心资本来恢复一个行业的可持续性，使其能够为公众服务。

说实话，这项任务十分艰巨。我们花了两年时间为纽约一家新的数字新闻机构募集资金支持，几乎要放弃了，但在一家具有社区意识的商业媒体公司和几位慈善家的支持下，我们于2020年早些时候建立了自己的初创公司，恰好能够为布鲁克林那个坏掉的交通灯做点什么。

## 一份新报纸

我参与创办的这家新报纸叫作《城市报》（*The City*），标志是一只名叫奈莉（Nellie）的鸽子，以具有开拓性的调查记者奈莉·布莱（Nellie Bly）的名字命名。19世纪末，奈莉·布莱在布莱克威尔岛（今罗斯福岛）上的美国国家收容所进行了深度调研访谈，并为约瑟夫·普利策创办的《纽约世界》撰写了一篇地方报道，轰动全美。奈莉·布莱这篇第一人称视角的报道推动了美国国家收容所的改革，并因此提升了心理健康预算。

《城市报》的任务是制作严谨的新闻报道，反映纽约居民所关心和经历的事情，让人们参与到与当权者的对话中，向他们问责，并最终推动落实有利于公众利益的行动。编辑部位于曼哈顿市中心一栋破旧的大楼里，仅有一间简陋的办公室。但每天，记者们在街头调查采访的时间都多于坐在办公桌前的时间。在总编吉尔·赫斯特（Jere Hester）、副主编阿丽莎·卡茨（Alyssa Katz）和哈萨尼·吉滕斯（Hasani Gittens）等纽约资深记者的带领下，《城市报》拥有一个 19 人的多元化编辑和报道团队，致力于反映纽约市发生的各种事件。团队成员包括在五个行政区和奥尔巴尼（Albany）实地采访的记者、高级调查记者和企业记者、数据采集记者，以及负责视觉效果、社区参与和社交媒体的员工。

《城市报》正通过“街道眼”这种方式，涉及一系列特定的议题（如交通、住房、移民、刑事司法、教育、卫生），以填补相关新闻报道的空白。这些议题的类别必须灵活可变，例如，公民住宅被铅和霉菌腐蚀的问题既属于住房范畴，也属于健康范畴。《城市报》平均每周刊登 18 篇原创文章，通过寻找对个别社区有意义，并能体现出更广泛的社会问题的当地故事，最终将这五个行政区联结起来。《城市报》持续追踪调查并试图解决政府的不理睬、不作为和彻头彻尾的腐败问题，同时强烈要求政府对广泛影响纽约市民的问题进行回应。

《城市报》的一名记者调查了布鲁克林路灯的问题，随后发表了一篇新闻报道，并附上了一张橙色锥形路标的图片。新闻发布后第二天，街道就安上了一个新的信号灯。报纸还报道了城市住宅区活动场地失修的问题。记者深入调查了纽约住房委员会的内部数据，发现对于公共住宅区活动场地的检查没有到位。

很显然，目前这种类型的报道仍然十分匮乏。在《城市报》运营的第一个月里，其发布的原创新闻报道已被 43 家独立媒体机构转载 23 次，引用 143 次。《纽约时报》在一篇社论中引用了《城市报》的报道，批评了白思豪市长在筹款过程中存在利益冲突的问题。《纽约》（*New York*）杂志的情报人员与《城市报》合作，为蕾琳·波兰科（Layleen Polanco）之死的报道提供了一个全国性的平台。蕾琳·波兰科是一名女性跨性别者，因交不上 500 美元的保释金而以轻罪指控被送进了赖克斯岛市（Rikers Island）监狱。她在被"惩罚性隔离"（监狱部门用语，指代单独监禁）的第九天死去。作为对这篇报道的回应，部门官员清空了女子单独监禁区。

不同新闻机构的互动展示了良性的新闻生态系统应该如何运作：多家独立的新闻运营机构以彼此的报道为基础，促进地方政府和民众的对话。若想使之运转，则需找到支持其运转的新方式。在可预见的未来，越来越多的地方新闻报道会来自像《城市报》这样的非营利性新闻服务机构。而这种新的商业模式需要有广泛的收入来源。

以《得克萨斯论坛报》（*The Texas Tribune*）为例，自 2009 年成立以来，这家新闻机构不断成功验证这种方法的效果。由埃文·史密斯（Evan Smith）、约翰·桑顿（John Thornton）和罗斯·拉姆齐（Ross Ramsey）共同创办的《得克萨斯论坛报》是一家以电子刊物为主的非营利出版机构，使命是让得克萨斯民众了解并参与公共政策的制定、政治活动，以及城市问题的解决，帮助他们在公民生活中做出更好的决策。该机构最初成立时共有 17 名员工，年度预算仅有 200 多万美元，但获得了来自富人、基金会、小型捐赠者和企业赞助商的 400 万美元捐助承诺。自成立以来，它已成为美国最大的州议会机构，每年在全州举办 50 多场活动。它还创办了得克萨斯论坛节（Texas Tribune Festival），这项全国公认的活动专门讨论“孤星之州”（Lone Star State）得克萨斯州的政治和政策。

过去 10 年间，根据其战略构想，《得克萨斯论坛报》共筹集了 7800 万美元，收入来源也实现了多样化：25% 来自基金会，23% 来自个人捐赠，19% 来自企业赞助商，18% 来自活动，10% 来自会员。约翰·桑顿在谈到该组织资金来源的成功增长和多元化时表示：“关键在于收入多样化。”

《城市报》发展自己的商业模式时，在新兴的非营利地方新闻报道上始终跟随先驱的脚步，获益匪浅。该过程包括制订经济上可行的预算方案，在远大志向和对当地出资潜力的现实预测之间保持平衡。同时还需要建立起充足的长期资金支持——保障 18 个月至 2 年的资金需求，这样才能吸引有才华的领导者和员工，证明新闻报道的影响力；同时还需要吸引更广泛的收入来源，打造可行的非营利模式。《城市报》在创办的第一年里筹集了 1000 万美元，其中约 65% 来自 5 家基金会，30% 来自 7 位个人捐赠者，还有 5% 来自小额捐款和公司赞助。《城市报》估计，到第三年末，其收入来源将会更加多元：基金会捐赠额占比将低于 50%，企业赞助商、个人大额捐赠、企业赞助、个人小额捐款和会员将会发挥更大作用。

## 五类“救世主”

如何通过收入来源多样化重建地方新闻业呢？我来谈谈对这件事至关重要的五类群体：慈善家、新闻消费者、记者和新闻媒体机构、政府，以及谷歌、脸书等数字平台，它们的成功与地方新闻业的市场失灵直接相关。

**慈善家** | 《得克萨斯论坛报》、《明尼苏达邮报》（*Minn Post*）、《纽黑文独立报》（*New Haven Independent*）、《圣迭戈之声》（*Voice of San Diego*）和调查报道平台 VTDigger 等成功的地方非营利新闻机构已经证明，基金会和个人慈善家在其初始资金来源中扮演着关键且特殊的角色。市场失灵、关键服务短缺时，慈善组织必须挺身而出，在自身亏损的情况下，为新闻业这一公共服务领域的重建提供资金。几乎所有成功的非营利组织都需要慈善投资，以及清晰的商业战略，该战略必须认识到组织在成立初期，就需要尽可能广泛地吸引资金来证明其市场价值。“表演艺术机构通常只有三分之一的支出来自经营收入，”约翰·桑顿说，“你不能因为卖出的票不够多就要求交响乐团开除木管乐器演奏员。”

重建可运行的地方新闻业需要时间和资本，还要承担在商业市场不存在的一些风险。这项任务就落到了慈善家的身上。过去几十年以来，查尔斯·瑞弗森基金会（Charles H. Revson Foundation）一直支持着追究政府责任的媒体和公共政策机构，并且尤其关注纽约市的情况。我们眼下的关切（问责性地方新闻报道的减少），与我们的使命和长期价值观是一致的。瑞弗森基金会比那些更知名的支持新闻媒体的基金会规模小一些。我们拥有约 1.72 亿美元的捐赠基金，每年将 600 万至 800 万美元的赠款分配到四个不同的领域：城市问题、教育、犹太人的生活和生物医学研究。然而，过去 10 年间，瑞弗森基金会投资了近 800 万美元发展纽约市的地方新闻业，这在我们全部的资助额中，算是一个巨大的数字了。

在与我们的合作伙伴共同创办《城市报》之后的两年里，我们借鉴了全美 200 多家非营利新闻机构10多年来的经验。我们仔细地研究了哪些机制至今有用，而哪些则失效了。好消息是这一行业的发展蒸蒸日上，收入来源日益多元化，个人捐赠在总收入中所占比重越来越大。州立和地方新闻编辑部数量占非营利新闻机构的50%左右，涵盖了广泛的社会、经济和政治议题。

我们的研究得出了一个清晰的结论，即成功的初创公司需要多样的资金来源。瑞弗森基金会与里昂·利维基金会（Leon Levy Foundation）、克雷格·纽马克慈善基金会（Craig Newmark Philanthropies），以及其他捐赠者共同持有《城市报》的850万美元初始资本。里查德·拉维奇（Richard Ravitch）、罗布·施佩尔（Rob Speyer）和路易斯·米兰达（Luis Miranda）等当地公民领袖和商界领袖的个人慈善捐款表明，企业赞助商和高净值人士有潜力更广泛地参与其中。《城市报》自2019年4月创办以来，还从基金会、个人和企业捐赠者那里募集了额外的150万美元。

想象一下，如果每家基金会都拿出其资助额中的1%，用于建立地方非营利新闻业，那么根据基金会中心（Foundation Center）对2015年美国基金会捐款的最佳估计，这一数字将达到每年6.2亿美元——远低于近年来新闻业收入遭受的350亿美元衰减。但如果将其作为风险资本科学使用，就足以用于培育出非营利新闻机构，最终恢复缺席已久的新闻生态系统。

美国一些出色的慈善行动帮助建立了优秀的公共设施，如图书馆、医院和公园。基金会也可以为新闻业做同样的事情。无论一位慈善家的核心关注点是艺术、社会公正、教育、住房还是科学，首先需要满足社区基本信息需求，这些领域才能得到蓬勃发展。

**新闻消费者** | 读者、电视观众，以及用户必须认识到“非营利”不是指“免费的”。

新闻报道是有资金成本的，无论出版商的动机是否为了赢利。2018 年，皮尤研究中心调查发现，只有不到 15% 的受访者曾向任意地方新闻机构付费或捐款。当人们告诉我他们很喜欢《城市报》，并且他们每天都在读的时候，我会趁机向他们解释说优秀的地方新闻工作需要优秀的记者和编辑，他们的服务应该得到体面的报酬。我鼓励他们通过或多或少的捐款成为《城市报》的会员。每人每月只需捐助 5 美元，也就是一杯拿铁咖啡的价格，就能支持这项重要的公共服务，算是为慈善事业做了贡献。纽约有 2 万市民，如果每人每月捐赠 5 美元，就能覆盖《城市报》超过 1/4 的现有预算。《城市报》正式的会员运动将在 2019 年末启动，也就是创办后的 6 个月，这给了读者足够的时间来衡量这份报纸的价值。我们对此持乐观态度，网站上一个简单的“捐助”按钮已经带来了 600 多名会员，并产生了超过 10 万美元的收入。

**记者和新闻媒体机构** | 记者和新闻媒体机构应该调整他们的竞争心态。他们的热情和驱动力虽然令人赞叹并且是有必要的，但合作也是如此。事实上，与商业企业建立伙伴关系让我们有信心在 2019 年 4 月初创办了《城市报》。这家商业出版商纽约媒体（NYM）是《纽约》杂志的母公司，为《城市报》提供了必要的支持，其中包括计算机系统、图形设计和数字发行。纽约媒体将《城市报》视为其国内视角方面一个自然的、本地化的补充，而《城市报》则看到了纽约媒体获奖的数字技术和设计专长，希望以此作为跳板促进其进一步发展。

纽约媒体其实对国内的新闻业进行了大量的投资，尤其是在华盛顿和好莱坞的地方新闻业以及数字媒体方面，这些投资都取得了成功。同时，纽约媒体也看到了地方新闻业的衰落对这个行业和它们自己的读者带来了严重的问题，因此迫切希望扭转局势。“当看到一家受到数字广告业务打压的非营利报纸需要支持时，我们立刻抓住了这个机会。”纽约媒体的主编戴维·哈斯克尔说道，“帕姆·沃瑟斯坦（Pam Wasserstein，纽约媒体董事长兼首席执行官）、亚当·莫斯（Adam Moss，纽约媒体前总编辑）和我都认为能够提供帮助是一种荣幸。我们知道这对我们的读者来说也将是一份礼物，可以让他们看到我们合作伙伴的报道。我们也希望在不久的将来，能够展示两家机构合作打造的新闻。”

杰夫·贾维斯（纽约城市大学克雷格·纽马克新闻研究生院的教授）建议在这个预算紧张的时代，新闻编辑部应该做它们最擅长的事，并逐步扩展到其他领域。《城市报》听取了这一宝贵建议，并正在寻找更多的能够使其发挥出自己优势的合作伙伴。《皇后区信使报》（*Queens Courier*）、《布鲁克林鹰报》（*Brooklyn Eagle*）、美国国家广播公司纽约频道（*NBC New York*）等商业媒体，以及 WNET 电台的《都市焦点》（*Metro Focus*）栏目、纽约广播公共电台等非营利媒体都转载了《城市报》的文章，并且从几十个非营利和营利性的社区新闻网站都可以链接到这些文章。同时，《城市报》也转载了其他媒体机构的报道，例如马歇尔企划（The Marshall Project）[①]发布的刑事司法报道，以及 Chalkbeat 关于教育方面的报道。《城市报》的记者们也是纽约公共广播电台的常客，这家公共广播电台还与《城市报》联合主办了皇后区地区检察官的候选人辩论。由于地方新闻业的巨大开销和广告收入的损失，没有一家出版商能独自运营，因为在纽约这样规模庞大的多元化城市中，需要不同的新闻媒体机构，不论是营利性还是非营利性的，进行联合报道才能建立一个良性的新闻生态系统，这些新闻媒体包括《西区日报》（*West*

① 马歇尔企划是一家线上非营利新闻机构。该机构主要关注美国刑事司法领域的相关报道。

*Side Rag*）、《布鲁克林人》（*Bklyner*）和《诺伍德新闻》（*Norwood News*）这样的超出本地范围的网站，也包括各行政区的运营机构和全市范围的站点。

全美各地正在建立起许多其他振奋人心的新闻伙伴关系，这些伙伴关系既代表了他们自己的社区，又利用了新闻业的资产。其中包括科罗拉多媒体项目（Colorado Media Project）、解救费城（Resolve Philadelphia）、得克萨斯州政府购买记录（Texas Public Records Purchase）、底特律新闻合作项目（Detroit Journalism Cooperative）。这些合作都利用了地方新闻生态系统的独特能力和创造力，从而最大限度地使用有限的资源。

新闻机构不能只关注行业内的合作伙伴，还要着眼于其所服务的社区。《城市报》最近启动了开放编辑部（Open Newsroom）项目，与布鲁克林公共图书馆（Brooklyn Public Library）建立起合作伙伴关系。布鲁克林公共图书馆是一家可信赖的社区机构，其使命是让每个人都能获得充分的信息，这正与《城市报》的使命相吻合。开放编辑部项目每年在 6 个图书馆分馆中举办 4 次社区会议，旨在更好地理解信息如何深入一个社区，并探索如何使新闻像图书馆分馆一样，成为一个信息来源，反映它所服务的社区的消息。2020 年夏天，项目在 3 家分馆中召开了 6 次会议，吸引了数百人前来分享自己获取新闻的渠道和方式，以及新闻对他们的意义。

**政府** | 政府可以在不违背新闻独立性和自由的情况下支持地方新闻工作。最典型的例子是美国公共广播公司（Corporation for Public Broadcasting，简称 CPB）。CPB 的成立源于 1967 年国会颁布的一项法案，据此，CPB 使用联邦资金资助了 1500 多家地方公共广播公司和电视台。

但是最近的政府行动凸现了新的可能。例如 2019 年，新泽西州承诺将从出售 2 个公共电视台许可证获得的资金中拿出数百万美元，建立一个名为新泽西公民信息联盟（New Jersey Civic Information Consortium）的非营利新闻机构孵化器。新泽西立法机构和州长菲尔·墨菲（Phil Murphy）最初同意拨款500万美元，但由于预算问题，最后只提供了200万美元。2019年5月，纽约市长白思豪发布了一项行政命令，要求“纽约市中的所有机构应确保在2020财年年底，以及之后的每一财年中，将至少50%的年度数字和纸质出版物的广告支出投入到社区和少数族裔的媒体中”。媒体广告的年度预算在1000万到2000万美元之间，将价值数百万美元的广告购买（ad buys）投入到当地社区，以及少数族裔媒体中，这不仅能够定位最能从广告中受益的社区，还能帮助社区建立起可持续的新闻运营机制——前提是资金的分配公平可靠。

2020年7月，芝加哥大学布斯商学院（University of Chicago Booth School of Business）教授盖伊·罗尼克（Guy Rolnik）领导的学术专家委员会发布了白皮书，提出了另一个新颖的想法。[6] 白皮书中建议为合法的新闻机构提供公共资金，方法是允许美国国税局（IRS）通过所得税返还捐助的方式（income tax checkoff），让纳税人向自己喜欢的新闻机构捐赠50美元，并对当地新闻给予可能的优惠待遇。尽管这项倡议会使联邦政府每年多支出130亿美元，类似的以税收为资金来源进行捐助的方式也曾被用于竞选捐款。但其中的机制是十分清晰的，问题在于政府是否愿意尝试。

**数字平台** | 我们应当注意到数字媒体公司以牺牲新闻机构为代价牟取暴利的情况。我建议将《社区再投资法》（CRA）作为一个范例。1977年，国会颁布了《社区再投资法》。当时，全美的城市社区遭遇了大规模撤资，以及银行拒绝放贷的问题。该法案是对这些问题的必要回应。由于上述社区的市场失灵，《社区再投资法》要求银行接受社区的存款，

再用这笔钱投资这些社区。《社区再投资法》的投资在帮助重建“经济空壳”社区方面发挥了核心作用，也让银行的资产负债表更好看一些。

今天我们面临着类似的问题：数字平台掠夺了当地新闻机构的广告收入，导致这些机构在社区中大规模撤资。新闻媒体联盟（News Media Alliance）最近的一项研究显示，谷歌通过“谷歌搜索”和“谷歌新闻”上的新闻内容获得了约 47 亿美元的收入。此外，尼曼实验室（Nieman Lab）的一篇文章指出，脸书“为三分之二的美国成年人提供了信息，其中 50% 的用户希望阅读到更多的本地新闻”。谷歌和脸书并不生产地方新闻内容，却通过数字广告收入，以及用户免费分享他人撰写的内容，获得巨额利润。而为地方新闻业服务的《社区再投资法》能够将数字平台利润的一部分，转移到对地方新闻机构的投资中。

美国出色的非营利组织依赖来自公共、私人、慈善组织的共同资助。我们需要更加创新性地使用公共资助，为地方新闻业吸引各种各样的投资。收入多样化对新闻机构保持独立性有很大帮助，收入来源越丰富，机构对任意单一资源的依赖程度就越低，甚至包括公共资源。

## 担起重任

《城市报》仍处在萌芽阶段，但未来可期。它的记者在前三个月里报道了大量地方重大新闻。例如，他们揭发了纽约蓬勃发展的建筑业内，至少有 12 名建筑工人在施工中丧生，但只有一例死亡事故上报给了市政部门。让问题变得更糟糕的是，纽约市和联邦安全官员统计得出的死亡人数不同。《城市报》的记者还对一项新的渡轮服务的招标过程提出了质疑，引起了市审计署和市议会的注意。同时，记者们锲而不舍地追查市长筹集资金中的利益冲突；他们的报道还让富尔顿街道和阿德尔菲街道路口换上了新的信号灯。

他们的工作是永无止境的。由于蕾琳·波兰科的死，纽约惩治局（NYC Department of Corrections）清空了赖克斯岛监狱的女性单独监禁区，但不久之后，该部门悄悄重新开放了该区，对8名女性囚犯进行惩罚性的单独监禁。我们之所以知道这件事，是因为《城市报》报道了该区域的重新开放。

虽然工作卓有成效，但《城市报》的长期成功却远不能得到保证。因此，通过分享一些我们所了解到的事情，我希望能够对全美其他社区中正在冒同样风险，或正在考虑这样做的人给予鼓励。我们需要你们参与进来。截至目前，非营利新闻机构的记者和新闻报道的数量都远没有恢复到报业衰落前的水平。但是希望之光仍然存在。奈特基金会（Knight Foundation）向当地新闻事业投入的3亿美元已经催生出了新的创举，比如“美国新闻计划”（一个面向当地新闻业的非营利性公益创投项目）和“美国报道”（该项目将青年人才安置在当地的新闻部门）。奈特基金会和民主基金（Democracy Fund）也在支持一些组织，其中包括新闻收入中心（News Revenue Hub）、非营利新闻研究所（Institute for Nonprofit News）和新闻竞赛（NewsMatch）。这些组织正在帮助地方非营利新闻机构建立一个更加良性的生态系统。

每个社区都值得新闻机构关注。简·雅各布斯所称的“优质城市生活的第一支柱”仍然是正确的，即人们必须为彼此承担一点责任。我们的工作就是让更多人关注城市街道上发生的事情。

## 注释

1 See Penelope Muse Abernathy, "The Expanding News Desert," The Center for Innovation and Sustainability in Local Media, School of Media and Journalism, University of North Carolina at Chapel Hill, 2018, and Christine Schmidt, "Facebook Enters the News Desert Battle, Trying to Find Enough Local News for Its Today In Feature," *NiemanLab*, March 18, 2019.

2 Pengjie Gao, Chang Lee, and Dermot Murphy, "Financing Dies in Darkness? The Impact of Newspaper Closures on Public Finance," *Journal of Financial Economics*, forthcoming.

3 Danny Hayes and Jennifer L. Lawless, "The Decline of Local News and Its Effects: New Evidence from Longitudinal Data," *The Journal of Politics*, vol. 80, no. 1, 2018.

4 Meghan E. Rubado and Jay T. Jennings, "Political Consequences of the Endangered Local Watchdog: Newspaper Decline and Mayoral Elections in the United States," *Urban Affairs Review*, 2019.

5 Joshua P. Darr, Matthew P. Hitt, and Johanna L. Dunaway, "Newspaper Closures Polarize Voting Behavior," *Journal of Communication*, vol. 68, no. 6, 2018.

6 Guy Rolnik et al., "Protecting Journalism in the Age of Digital Platforms," report by the media subcommittee of the Committee for the Study of Digital Platforms, George J. Stigler Center for the Study of the Economy and the State, University of Chicago Booth School of Business, 2019.

**朱莉·桑多夫（Julie Sandorf）**

查尔斯·H. 瑞弗森基金会主席。

## 点评

# 山东曹县梗火了，地方媒体能借力转型吗

《以慈善资金重建衰落的社区新闻业》探讨了美国社区新闻的衰落，以及纽约新闻机构《城市报》通过非营利新闻进行重建的努力。社区新闻衰落的技术与社会背景，以及这种衰落给社区生活与地方治理带来的潜在风险，在中国也有类似存在。基于在中国和美国的生活经验和观察，笔者发现单纯依托广告的经营模式正在走入困境，这在很多中国地方媒体中有过之而无不及。过去几年里，地方媒体停刊、休刊频繁出现，已经从“令人惊呼”变成常态。

在中国，20世纪90年代的报业市场化改革催生了一批依靠商业广告的地方媒体，也就是各地的都市报，其中少数具备了全国性影响力，而大多数也取得或多或少的经营成功，成为其上一级报纸的资金支撑。商业化助推了新闻生产在某种程度上的专业主义转向。随着近年来都市报利润下滑，出现了财政资金将地方媒体重新“养起来”的趋势。也就是说，面对变局，文中提到美国非营利新闻的资金来源是多元的，公益组织和慈善家、消费者、新闻机构与记者、政府、互联网平台等均可为这些新闻机构提供资金，而中国地方媒体的资金来源从以市场为主、财政为辅，变成财政补贴占据越来越重要的地位。当然这一趋势在各地存在具体程度的差异。

和美国类似的是，中国地方媒体近年来也试图通过互联网平台获得收入。在中国，传统媒体垄断了新闻采编权，地方媒体作为本地新闻的主要生产者，能够从互联网平台的转载中获得版权收入，也能通过自有账号获得广告分成。故而在今日头条、抖音、微博、微信等平台上开设官方账号较为普遍。其局限在于报道内容，地方媒体尤其是社区媒体（如社区报）的新闻框架多年以来以重视人情味（所谓“接地气”）为特点，监督公共权力、专业主义的色彩较弱。文中所讲述的纽约马路信号灯故事，以政治系统论的观点来看，是一种社会对国家的

政治输入。在中国，这种输入很大程度上以舆论事件（也称为舆情）而非专业新闻报道的形式实现。

2018年以来，中国地方媒体一大动向是所谓县级融媒体建设，这是国家政策要求下所做的改革尝试。通过整合县级广播电视、报刊、新媒体等，形成地方性新闻中心，也可能承担电子政务功能。在一些省份，这意味着媒体能够从地方政府获得更加稳定的财政资金、人事编制等支持。融媒体中心是科层制地方政府的延伸，对于社区文化和公共生活的效果还有待观察。

总体上看，中国的地方新闻转型更多基于传统媒体，这与非营利新闻的另起炉灶形成对比。不过也存在一些大刀阔斧的革新，如上海地方媒体《东方早报》2017年休刊，全面转向网络媒体“澎湃新闻”。社交媒体上也在出现一批关注地方事务的草根网红，以非正式的方式提供地方新闻，如2021年5月由网络红人推动的“山东曹县”梗，这一类革新有赖于地方政治氛围，尚未形成持续潮流。

就未来变化而言，中国党管媒体的媒介制度不会变，主流媒体需秉持马克思主义新闻观，承担主流意识形态阵地的职责。这意味着公益组织、民营公司等要想介入传统媒体改革还存在着较大的政策风险和高耸的政策壁垒。不过，公益组织可以在具体事件上与地方媒体、12345等政务平台、关注地方事务的网络红人等合作，充分利用现有信息机制来改善地方治理。从这个角度说，公益组织和媒体改革的逻辑是类似的，即不是追求结构上的独立，而是追求实际治理效果。至于是否能够实现，就需要在具体实践中进行探索了。

**宋奇**

中国传媒大学助理研究员。

# 力图改变非洲的哈拉比企业家联盟[1]

作者：阿比盖尔·希金斯
（Abigail Higgins）
译校：范璟雯、曹卓

哈拉比企业家联盟（Harambe Entrepreneur Alliance）认为，商业才是消除非洲大陆贫困的关键所在，而不是援助。但是，建立在共同身份认同之上的善意是否足以释放非洲的潜能呢？

夸米·威廉姆斯（Kwami Williams）原本计划成为一名火箭科学家，而不是西非的社会企业家。

但2011年一次去加纳的修学旅行颠覆了这个计划。这位麻省理工学院航空航天工程专业的学生，明明已经获得了别人梦寐以求的机会——在美国国家航空航天局（NASA）实习，却受到这次旅行的启发，决定来到父母的故乡，帮助这个国家北部的贫困农民。

他的母亲曾经为了读护士学校同时打两份工。当他告诉母亲自己的决定时，她泣不成声。

"你就差一步了，我们一直以来的牺牲都是为了你，而你却想放弃一切，回到加纳和农民一起工作！"他记得她流着泪说，"你甚至完全不了解耕种！"

"农村贫困这个怪物比我想象的更加庞大，"威廉姆斯说，"发展统计数字只是数字的时候，会被忽视。但当它们成为与你朝夕相处、同吃同住的'人'，就很难被忽视了。"

---

① 原文选自 *Stanford Social Innovation Review*, Winter 2020 Issue，原标题为 Can Harambe Transform Africa。

MoringaConnect 联合创始人夸米 · 威廉姆斯
（照片由 MoringaConnect 和哈拉比提供）

在旅行中，他看到贫困无处不在——孤儿院、医院，与当地理工学校学生的会面中，大多数学生每天只靠一顿饭维持生活。但给他留下最深刻印象的是农民。尽管为加纳贡献了一半以上的国内生产总值，生活和工作的地方被称为“国家粮仓”，但大多数农民却只能勉强养家糊口。

除了玉米和土豆，许多农民还在种植一种威廉姆斯闻所未闻的植物：叶子呈羽毛状的辣木树。他了解到，援助组织曾经让农民种植这些植物，因为它们具有惊人的营养价值——维生素 C 含量高于橙子，维生素 A 含量高于胡萝卜，钙含量高于牛奶，铁含量高于菠菜，蛋白质含量高于酸奶。但由于资金枯竭，援助组织放弃了这一项目，导致农民既无法加工辣木树叶，也无法找到买家。

这个故事在威廉姆斯心里种下了一个想法，但追求这一想法意味着放弃很多东西。“如果航空航天工程师能帮助将人送上月球，那么为了那些我注定要遇见并爱上的家庭，我能做的一定不只是将食物送上他们的餐桌。”他回忆自己当时的想法时说道。

2013 年，这颗种子开始生长绽放。当年威廉姆斯与哈佛大学毕业的经济学家艾米丽·坎宁安（Emily Cunningham）共同创立了 MoringaConnect 公司。他与艾米丽在麻省理工学院的 D-Lab 相遇，D-Lab 是致力于全球贫困研究的设计思维中心。MoringaConnect 将种植辣木的农民连接到全球市场，推广辣木产品，其中很多农民来自他第一次参观的地区。这家公司旗下有两家分公司：一家是 Minga Foods，将辣木叶制成营养丰富的粉末，用于制作茶和能量棒；另一家是 True Moringa，利用通过冷压提取的辣木籽油，制作高端纯天然的美容产品。MoringaConnect 还大量销售辣木油和辣木粉，为其他公司的产品提供原料。

2014 年，威廉姆斯加入了哈拉比企业家联盟，全身心地投入新生活，扎根加纳。哈拉比企业家联盟是一个由来自 34 个非洲国家的 304 位企业家（多数来自尼日利亚、南非和肯尼亚）组成的网络，他们决心通过推动商业向善，让非洲摆脱贫困。

## 不只是一个网络

威廉姆斯的这一开局已经获得了回报。天然保健品和美容用品批发商 Pharmaca 售卖 True Moringa 的产品，Whole Foods（健康食品超市）在新英格兰的商店也是一样。MoringaConnect 的下一步是将销售范围扩大到整个非洲。投资者们已经注意到了这家已经融资 400 多万美元的公司。但威廉姆斯认为，赢利只能算成功了一半。

“刚开始的时候，我实际上不了解‘社会企业’或者‘社会创投’的说法。我们只是做了感觉上正确的事情——确保农民能够参与影响他们生活和家庭的解决方案的设计，”威廉姆斯在谈到公司的“双重目标”时表示，“我认为我们从一开始就将做善事和做生意结合得很好。”

威廉姆斯因为想要帮助农民而改变了自己的人生轨迹。他选择了创建公司，因为这么做似乎能比援助组织更有效地帮助加纳人。MoringaConnect 与加纳北部的 5000 多名农民合作，保证他们的产品有市场且价格合理，还提供金融教育等服务，帮助他们把出售辣木产品赚到的钱进行储蓄和投资。

威廉姆斯创立 MoringaConnect 时，并不知道他正成为席卷非洲大陆，至今仍在持续的趋势的一部分。数以千计的非洲年轻企业家正在做出与父辈不同的选择：他们没有回避非洲大陆的问题，前往西方青葱翠绿的牧场，而是回到（或者从未离开）非洲大陆，

MoringaConnect 农民阿克苏阿·克拉站在她的辣木树下
（照片由 MoringaConnect 和哈拉比提供）

试图解决这些问题——其中有很多人希望在这个过程中大赚一笔。

哈拉比企业家联盟正在激励非洲大陆的青年才俊，通过培养创意、建立企业来努力扩大这一趋势。这些年轻人有的在非洲出生长大，有的是像威廉姆斯这样的归国人员。每一个“哈拉比人”（人们这样称呼他们）都放弃了在西方的机会，以商业为载体，致力于在非洲大陆上有所作为。

哈拉比的愿景始于2007年，由一位南新罕布什尔大学的意大利裔哥斯达黎加学生奥肯多·刘易斯－盖尔（Okendo Lewis-Gayle）提出。他创建了这个联盟，作为拥有一套共同的价值观——服务型领导力、深思熟虑后的冒险精神和持久的乐观的企业家们之间的非正式网络。这些价值观意味着每个人都致力于帮助他人的工作，从不惧怕追求别人认为不切实际的目标，并且在面对非洲国家从事商业的巨大挑战时保持乐观态度。

哈拉比的声誉和地位都有所发展。每两年，联盟会在罗马举办“哈拉比梵蒂冈论坛”，成员们在这里可以获得商业领袖和社会企业家关于筹集资金、搭建关系网和建设团队的培训，其中一部分培训人员本身就是哈拉比成员。该组织还帮助企业家与风险投资人、天使投资人建立联系，帮助他们将业务规模化。现在，组织每年会收到数千份来自渴望加入该网络的企业家的申请。

但是，正如任何一位哈拉比人都会告诉你的那样，拥有一个强大的网络只是联盟的一个方面。最重要的是，“哈拉比”和成为“哈拉比人”是一种精神，它具体表现在《哈拉比宣言》之中：“我们公布并宣誓，我们意在团结一致，释放人民的潜力，实现我们这一代人的梦想。”这一宣言由刘易斯－盖尔撰写，后文是：“我们将审视我们的道路和我们斗争的本质，但最终，我们这一代人渴望的非洲是可以获得的，它是存在的，它是真实的，它是可能的，它是我们的。”

每一年，新加入的哈拉比人都会在布雷顿森林会议处签署这一宣言。它位于新罕布什尔州布雷顿森林的华盛顿山酒店——1944年，44个盟国正是在这里召开布雷顿森林会议，创建了世界银行和国际货币基金组织。

“成为哈拉比人跟你自己和你的企业无关，如果这（获得个人成功）是你加入哈拉比的动力，那么这不是一个适合你的组织。不管你的企业有多么成功——这不适合你，”美国非洲发展基金会特别倡议前主任、Village Capital 现任研究员米歇尔·里瓦德（Michele Rivard）表示。多年来，他曾经指导过一些哈拉比人：“这关乎社群，关乎慷慨精神，关乎帮助向你求助的人。”

哈拉比，这个联盟的名字是一个斯瓦希里语单词，常被翻译为“让我们齐心合力”，它反映了这个联盟的精神。在肯尼亚，它是国家的座右铭。在社区筹款活动中喊出它的话，每个人都会来凑钱，帮助人们支付那些无力偿还的账单——无论是葬礼费用、医疗费用，还是村里的孩子抓住机会考上精英大学后的学费。

哈拉比人的网络描绘出一幅令人印象深刻的非洲大陆崛起的画面。当他们的影响力集合起来，哈拉比人总共创造了 3000 多个岗位，筹集了 4 亿多美元的资金，经营的公司总价值超过 10 亿美元。从《经济学人》到《名利场》，再到《纽约时报》，这个联盟受到了媒体的广泛关注。这个网络还吸引了 Y Combinator（企业孵化器）和“陈·扎克伯格倡议”（Chan Zuckerberg Initiative）等硅谷势力的注意和投资。

2019 级的 20 位成员出生于 9 个非洲国家，他们拥有从内罗毕大学到耶鲁大学等世界高校的学位。他们的创业项目非常广泛，涉及各行各业——包括一家向低收入加纳人销售当地生产的马桶的公司、一个销售非洲设计师的来源合乎伦理的作品的在线平台，以及一个帮助尼日利亚农民获得农业资产的贷款项目。其中一家公司甚至生产高端的男士胡须护理产品。将这些企业聚在一起的是其创始人的核心信念，即如果哈拉比人齐心合力，他们的企业将改变非洲。

哈拉比创始人奥肯多·刘易斯-盖尔在2019年布雷顿森林研讨会上向新的哈拉比人讲话
（图片由哈拉比提供）

## 历史的挑战，虚假的承诺

对于哈拉比人而言，商业不仅是一条新的前进道路，还能解决长期困扰非洲大陆的问题。几十年来，非洲的贫困问题一直困扰着援助工作者和发展经济学家。这个多元的大陆由54个国家组成，使用1000到2000种语言，面积大得惊人，超过中国、印度、美国，以及大部分欧洲国家的总和。非洲大陆因受欧洲殖民的影响而被捆绑在一起，殖民破坏了非洲大片土地，夺去了大量非洲人民的性命，让这里成为世界上最贫穷的地区。实际上，大多数非洲国家直到20世纪60年代才获得解放。尽管自2015年以来，非洲的贫困率首次开始下降，但预计到2030年，世界上大约88%的最贫困人口仍将分布在非洲大陆。

非洲面临相互交织的系统性挑战。总体而言，非洲大陆每年在非法资金流动中损失500多亿美元（逃税和跨国公司的腐败行为是罪魁祸首）；薄弱的基础设施意味着撒哈拉以南非洲地区的电力供应只相当于世界其他地区的一半；科学家预计，非洲大陆在气候变化的影响中将首当其冲，并且情况最为严重；同时，非洲大陆上每年进入就业市场的青年数量是新创造的就业机会的三倍以上。

“如果20年或者30年以后，我们这一代人的梦想没有实现，我们所热爱的非洲没有建设好，”刘易斯－盖尔说，“我们这些签署这一宣言的人只能怪自己，责无旁贷。”

刘易斯－盖尔毫不畏惧，因为他知道，尽管存在这些挑战，非洲大陆的商业收益仍在增长。根据布鲁金斯学会（Brookings Institution）的数据，非洲有400多家年收入超过10亿美元的企业，这些企业比世界各地的同行发展更快、利润更高。此外，世界上10个增长最快的经济体中，有6个在非洲，而在《世界银行2019年营商环境指数报告》（The

World Bank's 2019 Doing Business index report）中，商业监管情况改善最显著的 10 个国家中，有 5 个在非洲。

然而，这种商业收益是否会创造社会效益，是另一个问题。无论是环境恶化问题、医疗机会不平等问题，还是技术基础设施落后问题，私营部门都对这些企业家试图解决的许多问题负有责任。雀巢公司和好时公司一直在象牙海岸使用童工，喜力公司支持可能要为战争罪负责的布隆迪政府，壳牌石油公司最近利用贿赂手段，达成了在尼日利亚非法勘探石油的协议，价值 13 亿美元。

## 非同一般的领导力

刘易斯 – 盖尔生在哥斯达黎加，童年时移居意大利，他喜欢说他长在“罗马斗兽场的阴影之下”。罗马斗兽场激发了他早期对古典文学的热爱。在交谈中，他很快表示，他学习过亚里士多德和柏拉图的希腊原文著作。

他将 304 位哈拉比人比作在温泉关战役几近战胜波斯大军的 300 位斯巴达勇士。

刘易斯 – 盖尔少年时对非洲了解很少，尽管他知道自己的家族之所以原籍为哥斯达黎加是因为 400 多年前的跨大西洋奴隶贸易。当时，有 2500 万至 3000 万非洲人，从家乡被绑架到世界各地，沦为奴隶。这一认识让他坚信，黑人有“共同的机会和责任”对非洲问题有所作为。

刘易斯 – 盖尔的雄心壮志引领他到美国求学。在南新罕布什尔大学，他在校报担任作者，并迅速成为校园领袖。2006 年 2 月的一期校报概述了刘易斯 – 盖尔推动社会变革的雄心壮志和狂热追求。其中一篇文章提到，作为服务日的一部分，他为当地高中生举办了一场关于贫困和社会运动的讲座。另一篇文章详细介绍了他在马丁·路德·金行动日的活动上，帮助组织了一些校园参观活动，其中包括罗莎·帕克斯的表弟德博拉·雷德弗恩（Deborah Redfern）和马丁·路德·金三世前来参观的活动。在一篇专栏文章中，刘易斯－盖尔宣布他打算竞选学生会主席，并最终在选举中获胜，成为一所以白人学生为主的学校的第一位黑人学生会主席。此外，在《观点》栏目中，刘易斯－盖尔详细介绍了在卡特里娜飓风过后的几个月里，他与另外两位学生驱车前往新奥尔良参与赈灾工作的经历。

在所有活动中，关于哈拉比的想法诞生于刘易斯－盖尔和普林斯·索科（Prince Soko）组织的一次募捐活动中。索科是津巴布韦人，也是大学为数不多的黑人学生之一，他们组织的募捐活动将电脑送到索科母亲的家乡，将他所成长的社群与世界相连接。

“我真正开始了解非洲和非洲面临的挑战与机遇。”刘易斯－盖尔回忆道，“那里有人才，也有机遇；他们所需要的只是变革和正确的领导力。”

2007 年，他和索科成立了非洲学生的非正式网络哈拉比。一年后，该网络拥有了 60 名来自美国顶尖大学的成员。

在 2007 年的毕业典礼上，刘易斯－盖尔与当时的美国参议员巴拉克·奥巴马同台，当时奥巴马刚刚开始历史性的总统竞选活动。

“参议员，我也曾被告知，南新罕布什尔大学可能还没有准备好选一个有像奥肯多这样滑稽的名字，肤色像我这样的人当主席。不要让他们阻止你。”刘易斯－盖尔在台上对奥巴马说道。

作为回应，奥巴马对众人说，刘易斯－盖尔没打算参与总统竞选，至少目前没有，这让他松了一口气。

## 重新审视西方的援助

在刘易斯－盖尔的关注向非洲倾斜时，外国对非洲大陆援助的观念也在发生巨大的变化。在哈拉比创立的同一年，2007 年，经济学家威廉·罗素·伊斯特利（William Russell Easterly）的著作《白人的负担：为什么西方的援助总是收效甚微》（*The White Man's Burden: Why the West's Efforts to Aid the Rest Have Done So Much Ill and So Little Good*）出版，其中最突出的是概括了对外国援助的批评。

这本书全面抨击了傲慢且无效的援助行业。这本书以鲁德亚德·吉卜林（Rudyard Kipling）的诗命名，这首诗鼓励美国把对菲律宾的殖民统治视为一项文明使命。但核心问题是，一个支出了 2.3 万亿美元的援助行业，怎么还无法挽救每年死于疟疾的近百万非洲儿童的生命？毕竟，一顶杀虫剂处理过的蚊帐成本不到 5 美元，除此之外，2.5 美元的药品就可以治疗这种疾病。

伊斯特利抨击了那些西方公益能根除非洲贫困的老生常谈。1985 年的“拯救生命”音乐会乃一例证，从 U2（爱尔兰摇滚乐队）到琼·贝兹（Joan Baez）等音乐家为埃塞俄比亚的饥荒演出并筹集了超过 1.25 亿美元。然而，资金的效用往往没有经过严格的审查，就注入非洲雄心勃勃的大型项目之中。而这就是伊斯特利的观点：非洲并不需要更多的援助，而是需要更加有效的援助。

威廉姆斯在麻省理工学院 D-Lab 对失败援助的研究，改变了他做善事的思路——也就是说，他意识到，由局外人决定的、自上而下的解决方案并不是解决非洲问题的最佳途径。他以 PlayPumps International 组织为例，该组织在农村建造旋转木马，当孩子们在上面玩耍时，水泵就能抽出干净的水。《卫报》和美国公共广播公司的《前线》节目都揭露了这个看似社会良心的干预措施，该项目从多个国外行动方（如美国政府、克林顿基金会和为 PlayPumps 举办慈善音乐会的 Jay-Z 等）那里获得了 1640 万美元，但却是一个因疏忽和挫折而遭受损失的草率的冒险。所有的水泵中，有数千台水泵失修，儿童必须在旋转木马上连续“玩耍”27 个小时才能抽出足够的水——在某些情况下，为了家庭需要，村里的妇女要在上面辛勤劳作几个小时来抽水。在媒体报道了这一情况后，资助者终止了这一项目。

对于威廉姆斯而言，PlayPumps 的问题与那些鼓励农民种植辣木树，然后在资金枯竭时退出的援助组织是类似的。

威廉姆斯注意到，“人们创造出意在拯救世界的技术，然后把技术送到需要的地方，却发现这些技术并非当地人真正需要的，而且当地人其实比我们西方世界的人更懂得如何解决他们的问题”。

在大学毕业后第一次尝试帮助农民时，威廉姆斯利用自己的工程专业背景，制造了一台从辣木种子中提炼值钱的油的机器。当他把机器送到加纳农民手中时，他们茫然地看着他。无法保证有买家，他们就不能浪费宝贵的时间来压榨种子；连接不到全球市场，他们就承担不了这种财务风险。

对于很多试图解决问题的年轻人来说，他们会把非洲的问题与援助联系起来，然而

德裔加纳人亚斯敏·库米于 2016 年加入哈拉比联盟
（图片由哈拉比提供）

却发现解决方案意外地指向了私营部门。“我想对于任何一个理想主义者而言，当然我也是理想主义者，应该去的地方似乎是援助部门。”德裔加纳人亚斯敏·库米（Yasmin Kumi，2016 年加入哈拉比）指出。库米的职业生涯始于在比尔及梅琳达·盖茨基金会的实习，但她很快发现自己对援助部门的低效率感到失望。援助部门不仅员工主要是美国人和欧洲人，他们拿着大笔通常不纳税的薪水，福利优厚，但并没有足够重视将员工的技能传授给当地的加纳人。之后，她在国际咨询公司麦肯锡工作，但几年后，她厌倦了帮助大型跨国企业压迫非洲公司，于是创建了自己的非洲咨询公司为本地企业服务。

非洲的青年企业家并非唯一从援助转向私营部门的群体。从外国流入贫困国家的资金越来越多地用于商业投资，而非用于慈善。全球发展中心（Center for Global Development）的研究人员最近发现，在低收入国家（包括非洲的 19 个国家），援助占 GDP 的比例大幅度下降，而私人资本流动的比例有所增加。现在，在很多非洲国家，这两方面提供的资金量大致相等。

## 投资于非洲人

由于参与合作的美国基金会越来越多，哈拉比逐渐开始实现它的雄心壮志。

在早期，哈拉比的行动是临时性的。哈拉比人不得不自掏腰包参加年会（刘易斯－盖尔表示他仍然这样做来鼓励自发行动的人），刘易斯－盖尔说服华盛顿山酒店与他们达成协议，并从各种 MBA（工商管理硕士）项目中汇集几千美元的款项作为会议经费。

他不懈地搭建人际关系网，这为他争取到了最初的机会。其中包括 2012 年夏天，葛兰素史克公司（GlaxoSmithKline）和辉瑞公司（Pfizer）为研究医疗卫生的哈拉比人提供资助，还有的款项全额资助哈拉比人在塔夫茨大学弗莱彻学院攻读国际商务或者法律和外交硕士，以及在耶鲁大学攻读工商管理硕士。迄今为止，已有两位哈拉比人获得耶鲁大学奖学金，三位获得塔夫茨大学奖学金。

诸如此类的机会增强了哈拉比联盟对创业者的吸引力，再加上刘易斯－盖尔的知名度，有利于让哈拉比成为基金会和企业的合作对象。

“他太吸引人，太有魅力了。”思科基金会（CISCO Foundation）副总监查鲁·阿德斯尼克（Charu Adesnik）表示。思科基金会是科技企业思科的企业社会责任部门，2017 年，该部门以 500 万美元的资助额成为哈拉比的第一个正式合作伙伴。“他有一个伟大的想法，也是一个伟大的故事讲述者。而且他有一个伟大的故事要讲，目前（哈拉比联盟）取得的成功在很大程度上要归功于他。”

这是许多成员共同的心声。

“我清楚地记得第一次见到刘易斯－盖尔的情景，因为每个人都记得第一次见到刘易斯－盖尔的情景——他就是一股自然的力量。” Andela 公司的首席执行官杰里米·约翰逊（Jeremy Johnson）表示。Andela 在非洲选拔和训练软件开发人员，并将他们与全球公司匹配。“我一开始无法判断他是企业家还是传教士，但我很快意识到，答案不一定是非此即彼。”约翰逊补充道。

然而，刘易斯－盖尔慧眼识珠的能力，才是巩固该组织一个重要伙伴关系的关键所在。

伊诺鲁瓦·阿卜耶伊（Iyinoluwa Aboyeji）在 2010 年向哈拉比提出申请，他的创业项目 Bookneto.com 是一个在线教育平台，被刘易斯－盖尔描述为“一个站不住脚的理念”。然而，刘易斯－盖尔认为要投资于人，而非他们的商业理念。在非洲大陆从事商业是困难的，他希望确保“（企业家们）不会在第一道坎儿上崩溃”。他认为，人们将他们的想法付诸实践的能力比想法本身更重要，尤其是处于创业的早期阶段时，而大多数哈拉比人都处在这一阶段。在成为哈拉比人之后，阿卜耶伊创立了 Flutterwave，致力于帮助

伊诺鲁瓦·阿卜耶伊

非洲公司处理国际款项的收支业务。之后，他还与约翰逊共同创立了 Andela。

Andela 的全球运营副总裁是另一位尼日利亚企业家塞尼·苏莱曼，他在 2015 年加入哈拉比。他的公司最近的 1 亿美元 D 轮融资构成了哈拉比人创办的公司所筹集资金总额的重要部分。

尼日利亚企业家塞尼 • 苏莱曼于 2015 年加入哈拉比。他担任 Andela 负责全球运营的副总裁
（图片由哈拉比提供）

阿德斯尼克表示，思科正在帮助哈拉比从一个“无序的初创非营利组织转变为成熟的、专业化的组织”。这种发展包括在财务上支持管理团队、董事会和筹资结构的发展壮大。

除了刘易斯－盖尔的魅力之外，对于思科来说，社会企业家精神是一项值得的投资，因为思科希望确保自己的资金能够尽量对更多人的生活产生积极影响。投资于那些理论上只需要启动资金的创业者，比不断资助慈善组织更有吸引力。

阿德斯尼克解释说："真正吸引我们的是这个生态系统，它不仅是对每个哈拉比人，还对他们的企业、他们雇用的人、他们的社群和他们的国家，具有放大和变革的作用。"

对哈拉比的资助是思科公司到2025年改善10亿人生活目标的一部分，因此，它将主要通过哈拉比人的企业是否改善了卫生、性别平等、饥饿问题等社会指标来衡量其资金支持是否成功。

思科200万美元资助的主要部分将分配给2019年启动的哈拉比繁荣基金。刘易斯－盖尔准备向已经筹集到至少100万美元的20个哈拉比人发放10万美元的投资。

其中第一位企业家是尼日利亚人伊肯纳·恩泽维（Ikenna Nzewi，2017年加入哈拉比），他与人共同创办了Releaf，Releaf是帮助农业企业与客户联系的线上市场，已经参与了美国早期创业公司的种子加速器Y Combinator。另一位是阿德塔约·巴米杜罗（Adetayo Bamiduro，2015年加入哈拉比），他创立了被称为"摩托车版优步"的尼日利亚叫车服务平台MAX.ng，并宣布公司在2019年夏天筹集了700万美元的资金。

IDP基金会在思科之后不久也加入这一行列，它是一个通过资助和投资来关注全球问题的私人非营利基金会。它的目标是通过增加合作关系、知识和资金来促进哈拉比企业的发展。2017年，IDP基金会与哈拉比签署了一项为期两年的协议，每年向3名哈拉比人提供10万美元的资金，来促进他们企业的发展。同时，它还为加纳初高中学生建立一个由哈拉比人担任教师的创业者学院。该基金会还承诺提供10万美元，启动"全球访问计划"（Global Access Program，GAP），支持那些已经筹集到至少50万美元的哈拉比人参加与潜在资方的会议、研讨会和见面会。例如，威廉姆斯说他在GAP研究基金的资助下参与了许多会议，并为MoringaConnect取得了新的投资。IDP基金会将这一计划续资一年。

IDP基金会的CPO（首席流程官）艾莉森·罗纳·劳斯（Allison Rohner Lawshe）认为，哈拉比对于那些无法保证自己正在进行合理投资的组织很有帮助。她解释道，“我们的团队很小，所以尽职调查、深入挖掘和了解，或者在加纳寻找从事技术工作的企业家”都超出了目前IDP基金会的能力。哈拉比提供了一个值得信赖又可以触及的网络，刘易斯－盖尔吸引顶尖人才的能力让投资者相信他们的投资会得到良好利用。

IDP基金会的另一个目标是鼓励其他组织参与资助哈拉比。这一目标在2020年取得了成果，奥本海默家族基金会（Oppenheimer Family Foundation）成为哈拉比最新的主要资方，承诺在未来3年内提供数百万美元的资助。哈拉比将把这笔钱用于知识转移倡议研究基金（Knowledge Transfer Initiative Fellowship），与IDP基金会一样，将为选定的哈拉比人提供旅费和5000美元的津贴。

刘易斯－盖尔认为，这种合作关系将成为未来奥本海默家族基金会投资的渠道。尽管获得资助的企业仍处于起步阶段，但如果这些企业继续呈现良好的前景，奥本海默家族基金会未来可能会直接对其进行投资，并有望获得财务回报。

## 让商业成为向善的力量

社会企业家精神在任何地方都是新领域，但在非洲尤为新颖。

“在整个非洲，大多数创业项目还处于起步阶段，”刘易斯－盖尔解释说，“最佳实践还没有写在书上。它们主要存在于正在做这些事情的人身上。而在联盟这里，我们就可以接触到这样的人。”

他认为那些比较成功的、获得了一定认可的哈拉比人是重要资源，他们能够扩大哈拉比网络的范围和影响力。比如，苏莱曼和阿卜耶伊会在年度座谈会上讲课，还会指导哈拉比人。

导师制是社会创业中“社会”元素的根本。约翰逊表示：“如果私营部门要推动长期的经济发展，他们必须获得两样东西来快速有效地发展：他们需要获得资金，还需要学习如何建立私营部门的技能和网络。”

这两个因素反映了社会企业一种固有的张力，即为社会公益而采取合乎道德的行动与赢利之间的紧张关系——一种哈拉比人自身的多种观点表达出来的紧张关系。比如说，苏莱曼和阿卜耶伊对创业者是否应该关注利润最大化的观点与威廉姆斯不同，威廉姆斯首先将 MoringaConnect 视为一种让加纳农民的餐桌能摆上更多食物的工具。

“在很早期的阶段，我并不知道创业是什么。但我意识到，很多从根本上改变世界的组织都是私营公司，”苏莱曼说，“一些最好的主意——改变游戏规则的产品、解决方案和服务，那些可以提升人类潜力或者多个国家的社会和经济状况的东西——是由追求利润的个体创造的。”

苏莱曼的职业生涯开始于惠普公司。在加入 Andela 之前，他回到尼日利亚领导了一家初创公司，他对创业的很多观点都是在这个时期形成的。他认为，自己在这个议题上与很多人，或许还与其他哈拉比人，都略有不同。那就是他考虑到了非洲的贫困程度，认为任何人建立企业都必然会改善穷人的生活。

他坚定地说："我认为，你在无形之中就创造了公共利益：你雇用了员工，为这些人创造了经济流动性，让客户的生活变得更轻松，无论他们是企业还是个体。"

事实上，苏莱曼认为，一直关注非洲企业家是否在"做好事"是一种高人一等的姿态。他解释道："即使是在商学院，你也找不到太多把在非洲做生意视为纯粹的商业行为的人。"

"我们过于看重这一点，以至于人们问你的第一个问题是（企业的）社会效益是什么，而不是你为这个世界、为你企业所在的国家、为你服务的客户创造了什么价值。"

南非的尼勒·尼克勒斯（Nneile Nkholise，2018年加入哈拉比）对此表示赞同："我们过于让自己朝着社会效益方向努力，最终只得无奈妥协。"

尼克勒斯是带着自己的梦想加入哈拉比的，她的梦想是建立一个企业，帮助低收入的乳腺癌幸存者在乳房切除术之后获得义乳。然而，由于她的小众市场无力购买假体，当意识到自己的经营注定要永远亏损的时候，她改变了计划。对于很多社会创业者而言，这是一个很难解决的现实问题。通常情况下，社会效益根本上是帮助那些无力购买产品的人。除非他们能够削减成本，迅速扩大规模，进入大众市场，否则很难建立起赢利的企业。

现在，尼克勒斯拥有一家致力于帮助专业运动员预测受伤风险产品的企业。她计划在业务中加入对低收入运动员的众筹活动，但承认这些（众筹）活动并非公司的重点。尼克勒斯表示："我们发现了社会上存在的一个问题，并且正在解决这个问题，这本身就有社会效益。"

即使是拥有庞大市场的公司也会陷入困境。2019年9月，Andela结束了在尼日利亚、肯尼亚、乌干达的开发人员培训项目。有250位开发人员立即失去了工作，另外170位开发人员面临着被解雇的风险。Andela 只保留了卢旺达的项目，因为政府对它有补贴。这一现象的根源是美国初级工程师的就业市场饱和，迫使 Andela 转向更多高级工程师岗位。而这对每年进入市场的数千名非洲年轻人来说是高不可攀的。

阿卜耶伊已经不在 Andela 工作了。他最近从公司离职，目前在加州的纳帕谷与家人共度时光，并思考这个行业的未来图景。作为非洲创业界最耀眼的明星之一，他正在思考如何引导这一行业发展。

“很多人总是假设挣钱和做好事之间有很大差距，好像在非洲它们是直接对立的，”他表示，“我认为这种对立是错的，是人为创造的。”

阿卜耶伊致力于为非洲大陆创造良好的营商环境，推动非洲的自由贸易，与那些他认为扼杀创新的政府做斗争。他构思变革的灵感来源之一是大卫·科赫（David Koch），一位最近过世的保守派亿万富翁，主要通过政治倡导组织美国繁荣委员会（Americans for Prosperity）向右翼事业倾注了数百万美元。与科赫一样，阿卜耶伊相信，通过自由市场的企业实现繁荣是社会的基石。

## 繁荣的悖论

哈拉比的“路线图”是：创造市场，让目标群体为产品付费，这是一条比传统援助更好地解决贫困问题的路径。哈拉比认为，创新和创业才能创造出一条长远持久的脱贫之路，而非专注于帮助穷人的援助干预。这是艾佛萨·奥热莫（Efosa Ojomo，2017 年加入哈拉比）与哈佛商学院教授克莱顿·克里斯坦森（Clayton Christensen）和凯伦·迪伦（Karen Dillon）撰写的《繁荣的悖论：开辟式创新如何创造长久的经济繁荣》（*The Prosperity Paradox: How Innovation Can Lift Nations Out of Poverty*）的核心观点。

“这可能听起来与直觉相悖，”他们写道，“（但是）对于很多国家而言，长远持久的繁荣并不源于贫困问题的解决。繁荣来自对创新的投资，创新将在这些国家中创造新的市场。”

这是奥热莫在自己的援助项目失败之后得出的观点。在美国生活了 8 年之后，他听到家乡的贫困故事，便开始了自己的援助项目。

“我做了一件我认为大多数人在听到贫穷和垂死的孩子的故事而深受触动时都会做的事情：我成立了一个非政府组织（NGO）。”

奥热莫筹集了 1 万美元，开始在尼日利亚建造水井。大部分水井很快就坏掉了。他的故事并非个例。据估计，非洲三分之一的农村供水项目在几年之内就难以继续运行，这意味着超过 12 亿美元的投资损失。

他转向小额贷款，之后又转向资助小学教育，但他对于自己大量投入却没有回报的情况并不满意。

“我们不得不一直向他人乞求资金，我将所有的资金都投入了一个没有任何再生能力的系统之中，而这就是我进入商学院学习的原因。”

在哈佛商学院，奥热莫遇到了克里斯坦森。两人开始研究他们称为实现长期增长的“基于市场的创新”案例。《繁荣的悖论》引用了英国电信集团技术总监莫·易卜拉欣（Mo Ibrahim）的案例，在 20 世纪 90 年代末，他决定在非洲建立一家移动通信公司。当易卜拉欣向同事们宣布他的计划时，同事们笑得让他在屋子里待不下去。“每个人都说非洲非常脆弱，”他对本书的作者们表示，“（他们声称）非洲是一个危险的地方，到处都是独裁者，到处都是疯子，到处都很腐败。”

然而，书中写道：他看到的是机会，而不仅仅是贫穷。易卜拉欣没有多少员工，也缺乏资金支持，但他开始自己修建道路，使用直升机，有时自己发电，以填补基础设施的空白。六年之后，Celtel 公司在 13 个国家开展业务，拥有 520 万客户。该书的作者认为，它是当今蓬勃发展的移动通信行业的先锋，目前的估值达到了 2140 亿美元。

企业家可以通过发明新产品，或者创造新的产品分销方式来赚大钱，从而创造就业机会和基础设施，改善人们的日常生活。而这正是刘易斯 – 盖尔相信的观点：哈拉比人不只是在建设公司，他们同时也在建设国家。

## 哈拉比人的视野

刘易斯 – 盖尔认为，发现人才的能力是哈拉比的“秘诀”所在。他认为，哈拉比的未来是成为非洲的 Y Combinator，再加上 3 个月的培养过程，帮助创业者打磨他们的想法。虽然资金会有所帮助，但真正起作用的是 Y Combinator 的认可。Y Combinator 向其他投资人发出信号，证明一位创业者值得他们的关注和投资。对于那些渴望参与到不可预知、往往不透明的非洲创业企业的投资者而言，哈拉比的品牌是他们的指路明灯。

各种迹象表明，哈拉比人的企业可以吸引那些让他们具有国际竞争力的投资，使得非洲的初创企业在国际上占有一席之地。突破能源联盟（Breakthrough Energy Coalition）是一个市值超过 10 亿美元的清洁能源基金，拥有杰夫・贝佐斯、比尔・盖茨、马克·扎克伯格等私人投资者，以及来自全球企业的资金。该基金已经投资了MAX.ng，并派代表参加了最近一次的梵蒂冈论坛。

哈拉比还计划2021年在南非举办第一次全球峰会。这将是哈拉比在非洲大陆举办的第一次大型活动。活动将向非洲企业家、慈善家和投资者开放，希望能够继续改善非洲的创业环境。

但是，要想让更多投资者加入进来，要想让哈拉比成为非洲创业的领头羊，哈拉比成员的企业，尤其是哈拉比繁荣基金的受益者MAX.ng和Releaf，就必须承受压力，并开始大量赢利。

“问题在于，我们能否将哈拉比从招人喜欢变得重要？”刘易斯－盖尔问道。

如同哈拉比本身那样，很多哈拉比人的企业是初创企业，有着吸引人的故事和充满魅力的创始人，在早期获得了不同程度的成功。刘易斯－盖尔认为此刻是哈拉比联盟的转折点，即“初始阶段正式结束”。

现在，这些企业必须证明，它们是否有能力与那些市值数十亿美元的企业竞争。全球峰会也将是一个测试场，检验这些有社会意识的初创企业能否在赚取大量利润的同时，还会对一个非常贫穷的大陆产生积极的社会影响力。在国际商业舞台上，重要性是以估值来衡量的，而社会影响力被认为是加分项，这可能是一项艰巨的任务。

但如果可以做到，哈拉比人会就一定会放手去做。

**阿比盖尔·希金斯（Abigail Higgins）**

华盛顿特区记者，报道美国和撒哈拉以南非洲的全球卫生和国际发展等问题。

# 女性专用公交车的涟漪效应①

作者：亚历珊德拉·克里斯蒂
（Alexandra Christy）
译校：徐子萌、洪静澜

巴布亚新几内亚的女性专用交通方案用一种新颖的方式回应了当地的性别暴力问题，挑战了有关性别的社会规范，并有效增进了女性权益。

满载女性的粉紫色公交车开行在巴布亚新几内亚（Papua New Guinea，PNG）两大城市的街道上，它们的目标和它们的色彩一样大胆。

这种公交车于2014年在巴布亚新几内亚首都莫尔兹比港（Port Moresby）投入市场，并于2019年扩展到巴布亚新几内亚第二大城市莱市（Lae）。这一女性专用交通项目最初始于一项名为“女性安全”（Meri Seif）的免费乘车服务，并于2017年又增加了一项名为M-Bus的付费乘车服务。

每年，这两项公交方案让约17万名女性能够每天安全地通勤。对于巴布亚新几内亚来说，这是一个重大的进步。在2017年，该国超过90%的女性报告称，自己在公共交通工具上曾遭遇过来自男性的性骚扰或抢劫。

“这是一种世界性的流行病，”加州大学洛杉矶分校的城市规划教授阿纳斯塔西娅·卢凯图－西德里斯（Anastasia Loukaitou-Sideris）表示，她对全球18个城市的大学

① 原文选自*Stanford Social Innovation Review*, Winter 2020 Issue，原标题为A Women’s Movement on Wheels。

国际妇女节，巴布亚新几内亚莫尔兹比港的一辆女性专用公交车满载乘客

生及他们在交通环境中的性骚扰经历进行了研究。“像抚摸和触碰这种身体骚扰通常发生在拥挤的环境中，因为男人觉得有恃无恐。对许多女性来说，公共交通是她们的第一个‘#MeToo’时刻。”

女性专用交通方案遍布十几个国家。里约热内卢、开罗和迪拜等城市设有女性专用的地铁车厢。印度、日本、印度尼西亚等亚洲国家的火车上有女性专用车厢。危地马拉和马来西亚试验了单性别公交车。最近，纽约、巴黎、格罗兹尼和拉合尔也涌现了女性专用出租车服务。

巴布亚新几内亚被“人权观察”组织（the Human Rights Watch）称为“世界上对女性来说最危险的地方之一”，在这里，女性专用公交车透出希望的光芒。

联合国妇女署青年组织Sanap Wantaim（“站在一起”）的成员乔安娜·欧拉说：“这些公交车的到来向我们表明，有人愿意帮助城市里的女性。它给了我们希望，让我们知道改变正在发生。”

奈吉尔·玛多（Nigel Mado）也是Sanap Wantaim项目的一名年轻志愿者，他发现了女性公交车乘客的转变，并将其部分归功于Sanap Wantaim在车上开展的有关女性权利和如何获得帮助的宣传。“女性公交车真正的作用是让女性发声，给她们一个可以表达自己的渠道，说出‘我们不在男性之下，我们是平等的’。它在某种程度上改变了我国一些地方部分男性的思想和观念。”

“当坐上女性公交车时，我感到非常安全，”莫尔兹比港的一名大学生瓦莱丽·乌拉尔说，“我可以轻松地掏出手机听音乐，甚至打电话。相反，在一般的公交车上，窃贼们总是随意走动。一旦看到女士们拿着包，他们就会去抢或者威胁女士们。”

## 通往安全之路

2013 年，时任莫尔兹比港的一个职业培训非政府组织 Ginigoada 基金会总经理的麦克・菲尔德（Mike Field）牧师，再也无法忍受看着女性们在高峰期隐忍地等待坐上公交车通勤的场景。

“每天早上我都会看着年轻男人们挤进公共汽车。他们会从窗户进去，而年轻女性和年长女性几乎没有机会获得座位。”他解释道，“我觉得这真的很令人不安，因为在 Ginigoada 基金会，我们正在努力为这些年轻女性提供培训机会，我们试图让她们去工作，然后会给她们找份工作。但她们无法登上交通工具，因为这些年轻男性就那样强行挤进车里。”

菲尔德向 Ginigoada 基金会董事会成员戴夫・康恩（Dave Conn）建议试行一个免费的女性专用公交车项目。康恩同意并鼓励菲尔德去联系莫尔兹比港国家首都区（National Capital District， NCD）的省长鲍尔斯・帕克普（Powes Parkop），要求当局提供一辆旧公交车用于试验。

之前曾担任人权律师的帕克普捐赠了 5 辆退役的莫尔兹比港国家首都区公交车。Ginigoada 基金会用这些车拼凑出了一辆适合公路行驶的汽车。联合国妇女署巴布亚新几内亚办公室（UN Women PNG）提供了最初的资金。

“性别暴力是我国的一个大问题，我们的城市也不能免于其害。”帕克普说，“我们要一点点来，虽然我们没法一次性解决所有问题，但绝对有能力和影响力去立即改变公共交通的现状。”

从2014年到2019年年中，女性专用公交车的数量从1辆上升到11辆，线路从1条上升到6条，乘客数量也从2.1万人上升到60多万人。免费的女性安全乘车计划也扩展到了莱市，并在那里安排了两辆公交车。这一试点非常成功，Ginigoada基金会因而启动了付费乘车服务M-Bus，使该模式走向财务可持续性。

太平洋妇女协会在巴布亚新几内亚的国家经理瑞秋·提科（Richelle Tickle）解释说："免费女性专用公交车的试验是一项临时措施，目的是证明这项服务在商业安排上的价值……以及在所有公共交通工具上严肃对待安全问题的价值。"

由于需求猛增，媒体宣传了莫尔兹比港需要更多公交车的信息。莫尔兹比港国家首都区又捐赠了2辆公交车；联合国妇女署巴布亚新几内亚办公室与太平洋妇女协会巴布亚新几内亚分会一起筹集资金，增购了2辆空调公交车；莫尔兹比港的赫兹汽车（Hertz Car）租赁公司（其总经理曾在Ginigoada基金会理事会任职）也捐赠了2辆公交车；澳大利亚墨尔本的文图拉公共汽车公司（Ventura Bus Company）也捐赠了4辆公交车。

文图拉公共汽车公司的总经理安德鲁·康沃尔（Andrew Cornwall）解释说："我想，让我在这个项目上投入大量精力的原因是，我以前去过莫尔兹比港，了解巴布亚新几内亚人民（在二战中）是如何帮助澳大利亚人的，我只想做出报答。这个世界上还有女性因为公交车不安全而害怕去上班，这件事真的触动了我。"

女性专用公交车的成功得益于政治、项目和人之间的相辅相成。这不仅仅是某个非政府组织单独的想法，也同时配合了该国在女性赋权和解决性别暴力问题上的其他努力。

女性专用公交车的持续运营正是这些努力的组成部分之一。专用公交车不仅帮助Ginigoada基金会的受训人员参加其项目，而且还帮助她们在随后的工作岗位上安全地通勤。而帕克普省长也有充分的动机来帮助该项目持续发挥作用——他的政府正着手解决性别暴力，并在经济上赋能女性，提供企业和信贷方面的支援。对于联合国妇女署巴布亚新几内亚办公室来说，女性专用公交车是当地妇女和儿童安全公共交通项目（Safe Public Transport for Women and Children Program）的一个加强和补充。

“这是一项集体行动。”联合国妇女署驻巴布亚新几内亚办事处关注公共交通安全的项目专家布伦达·安德里亚斯（Brenda Andrias）说，“它让所有在加强妇女和女童安全方面可以发挥一定作用的利益相关方表明立场。”

## 与父权制抗衡

女性专用交通方案另一个意想不到的好处是其雇用了10名女性司机。加拿大政府向Ginigoada基金会提供了15000美元的资金，用于培训女性司机。基金会已经培训了近50名巴布亚新几内亚女性。

“我之所以成为一名公交车司机，是因为在莫尔兹比港这座城市里，女性出行不安全，所以我决定在我的社区里做出一点改变。”新司机之一戈拉·莫莫（Gola Momo）说。

然而，这项工作远非完美。莫莫每天要往返六趟接送乘客，她认为：“最大的挑战是男性司机们。当我们进站时，他们对我们非常刻薄，不给我们进站的空间。在我们接女性乘客的时候，他们有时还尖叫着辱骂我们。”

作为回应，联合国妇女署在 2018 年对 100 多名莫尔兹比港公交车司机、乘务人员和运营人员进行了关于交通安全对女性重要性的培训。他们向司机们传递了一个明确的信息：如果你们以往能够在公交车上首先保证女性的安全，那么这个城市现在也就不会需要女性专用交通方案了。

在巴布亚新几内亚，女性专用交通方案的未来取决于财政、社会接受程度等许多因素。

虽然一些迹象表明女性专用交通方案仍在继续成长：比如国家发展委员会又捐赠了 4 辆公交车，一个潜在的新捐赠者愿意为莱市试点项目增购 25 辆公交车等。但是该项目依然面临着来自男性的持续敌意。他们用弹珠砸开车窗，用刀子威胁女性司机，并试图挤上女性专用车。多亏了每辆公交车都配有两名男性保安，严重的伤害事件尚未发生，但莫尔兹比港地区的安全出行依旧难以实现。

可持续性是另一个长期挑战。目前负责公交项目的 Ginigoada 基金会将于 2019 年底在莫尔兹比港和莱市逐步淘汰原有的免费项目，并由付费项目接管所有线路。该方案的运营费用约为 20 万美元，其中包括司机、维修、汽油、安保和营销费用，而车费收入只有约 15 万美元，两者之间存在每年 5 万美元的缺口。太平洋妇女协会巴布亚新几内亚分会目前填补了这一缺口，但它的资金支持将于 2021 年结束。

最后，还有一个一直悬在这些项目负责人心上的念头，那就是希望这些公交车根本不需要存在。“我知道，这有种讽刺意味，”Ginigoada M-Bus 车队的经理菲利普·普里斯特利（Philip Priestley）说，“我们希望性别专用公交车不需要存在，但我们现在又在争先恐后地尽可能多地提供这种公交车服务。事实是，在打击性别暴力方面，我们还有很长的路要走。在情况得到控制之前，也许是从现在起的至少 30 年的时间中，我们都将继续做我们需要做的事情，来保障女性的安全。”

**亚历珊德拉·克里斯蒂（Alexandra Christy）**

记者和数字故事讲述者（digital storyteller），她通过“解决方案新闻网络”（the Solutions Journalism Network）的“#MeToo ”“#SolutionStoo”计划获得了旅行奖金，并通过马格南基金会（Magnum）筹集了额外资金，前往巴布亚新几内亚报道了这个故事。

# 为监狱里的精神障碍患者提供更好的去处[①]

作者：维多利亚·A. 布朗沃思
（Victoria A. Brownworth）
译校：丁倩茹、王润琼、李慧子

向上计划（The Stepping Up Initiative，SUI）利用网络研讨会、工具包和数据收集来应对美国每年约 200 万严重精神障碍患者入狱的问题。

在美国，最大的精神卫生机构是监狱。这是一个发人深省的事实：根据“监狱政策倡议”（Prison Policy Initiative）2019 年的数据，230 万成年人被关押在美国的监狱和看守所里。在这些人中，约有 20% 的看守所的犯人和 15% 的监狱服刑人员患有严重的精神障碍。关押在监狱和看守所里的精神障碍患者数量是医院里的 3 倍。

自 2015 年以来，向上计划（SUI）在全美各地的社区开展工作，通过将精神障碍患者转入心理健康项目来减少狱中患者人数。SUI 成立了一个由精神健康、执法和药物滥用方面的专业人士组成的全国性联盟，并召集社区领袖和有服刑经历的人一起来解决这个问题。

SUI 背后的共同创始组织之一，美国州政府委员会（Council of State Governments，CSG）司法中心的公共事务经理艾伦·休斯顿（Allen Houston）表示：“SUI 是一种尝试，试图将成功的集合影响力方法应用于解决复杂的社会问题，以应对长期存在且日益严重的国家危机。”

---

① 原文选自 *Stanford Social Innovation Review*, Winter 2020 Issue，原标题为 Decriminalizing Mental Health。

SUI 的一个主要功能是汇编数据，其数据显示的内容令人震惊。在美国，每年约有 200 万严重精神障碍患者入狱。此外，与没有精神障碍的人相比，精神障碍患者在狱中度过的时间更长，而且更有可能被再次监禁。

费城刑事司法办公室的政策和规划主任雷切尔·艾森伯格（Rachael Eisenberg）与该市的 SUI 项目合作，他解释说，这些人中有近 75% 在患有精神障碍的同时存在滥用药物和酒精的行为。美国司法部（DOJ）2017 年的一份报告显示，四分之一的服刑人员有严重的心理困扰，持续时间超过一个月，而一般人群中只有 5%。五分之二的监狱囚犯和看守所在押人员有严重的精神障碍史（严重的精神障碍包括精神分裂症、双相情感障碍、长期抑郁和焦虑障碍——所有这些都需要通过药物来治疗）。

劳埃德·黑尔（Lloyd Hale）现在是 SC Share 的助理执行董事（SC Share 是一个以复元为导向的非营利组织，与 SUI 和南卡罗来纳州精神卫生部合作），他曾经也是那些因精神障碍导致入狱且未接受治疗的患者之一。他的精神障碍在监狱里没有得到治疗。黑尔回忆说：“当时我正处于一个非常糟糕的时期，上面牢房里有个人向我喊叫，威胁我的生命。”他惊恐地抓着牢门，用手猛烈拍打着门，“直到双手血淋淋的”，并尖叫着让警卫放他出去。第二天，他去找折磨他的人对峙。他说：“我站在门口，环顾空无一人的房间，那里根本没有人待过的痕迹。”

黑尔的经历揭露了一种令人不安的常态。SUI 为监狱和看守所的工作人员提供危机干预培训，一旦像黑尔这样的人入狱，他们就能提供帮助。但 SUI 更注重事先预防，使精神障碍患者不会从一开始就进入刑事司法系统。

## 构建多元化的支持网络

2015 年 5 月，美国州政府委员会司法中心、全美郡县协会（NACo）和美国精神医学学会基金会（APAF）合作创立了 SUI。

SUI 的资金来源广泛，涵盖众多公共和私人的资助者，包括司法部的司法援助局。单个 SUI 项目有大量的资金来源。正如艾森伯格解释的那样，费城的 SUI 项目中有市政府拨款的职位，而费城 SUI 中的各个子项目“有州、联邦、市的各种资金流。但是，在‘向上’（Stepping Up）这个框架下，任何新项目都可以相互联系起来”。

美国州政府委员会司法中心郡县计划副主任里瑟・汉伯格（Risë Haneberg）解释说，自 SUI 成立以来，已经让 43 个州的近 500 个郡县“关注早期的分流[①]形式”，以防止像黑尔一样的精神障碍患者被困在刑事司法系统中。

“警长们告诉我们，他们当初不知道自身会成为一个精神卫生机构，”汉伯格说，“我们希望确保执法部门接受适当的培训，以便他们能够就处于精神健康危机中的人的去向做出决定。”

SUI 在全美范围内的第一批县（总共有 15 个，被称为“创新点”）正在汇编基准数据，以便在全美范围内应用。通过为执法部门管理数据，警方可以了解哪些人反复通过系统进入庇护所、急救室和其他可能接入点，最终进入刑事司法系统。这意味着，当一个家

① 分流是指涉及刑事司法系统的严重精神障碍患者从传统的刑事司法途径转到精神健康和药物滥用治疗系统的举措。

庭因为患有精神障碍的家庭成员陷入危机而拨打 911（美国报警电话号码）时，精神障碍患者会经医生诊断而接受药物与心理干预治疗，让他们免于被捕。

SUI 创建了一个工具包，以向社区和执法部门介绍干预治疗及其高成本效益。艾森伯格解释说，看守所在患有精神障碍的犯人身上的花费是其他犯人的 3 倍。直接地说，把精神障碍患者拦在刑事司法系统之外，不仅能帮助这些人、挽救生命，而且还能降低成本。

纽约市已经成为在全美推广应用 SUI 的典范。美国州政府委员会司法中心行为健康部主任艾伊莎·德拉尼·布鲁姆西（Ayesha Delany Brumsey）说："自 20 世纪 90 年代以来，里克岛的平均服刑人数从每天都在 2 万人以上减少到 2019 年 7 月的 7400 人，减少了近三分之二。我们的承诺是尽我们所能提高刑事司法系统的门槛，这样精神障碍患者就不会进去，但如果他们真的进去了，出来后也会进入到（精神健康）支持性的项目。"

纽约市向这项计划投资了 1.3 亿美元，并与纽约市警察局一起启动了两个危机应对中心。这些中心提供食物、淋浴设施、药物，以及临时住房——所有这些做法都让人免于监禁。

SUI 的记录揭示了合作决策和优质数据这些要素是大多数郡县刑事司法系统都缺乏的，而帮助地方政府及其合作伙伴拥有这些基本要素是 SUI 的主要目标之一。

这一计划在费城正取得成功。作为费城市长办公室的 SUI 计划的项目经理，丹妮尔·沃尔什（Danielle Walsh）列举了该市与 SUI 的合作是如何取得巨大成功的，该计划不仅使精神障碍患者远离监狱和看守所，甚至使他们免于被捕的命运。

2017 年 9 月，沃尔什的 SUI 计划"制订了警方援助的分流计划，即没有公开逮捕令的警方不会把精神障碍患者（的入狱方式）定性为‘逮捕’，因为没有启动刑事案件”。

在 SUI 领导下的另一项开创性计划中，沃尔什的办公室使执行逮捕的警员能够“与侦探部门的行为健康导航员一起进行筛查”。他们可以查阅一个人的精神健康记录，并对此人进行全面的精神健康筛查。当事人的辩护律师，通常是公共辩护律师，有查看结果的权限。地方检察官办公室和辩护律师可以对精神障碍患者案件进行协调。艾森伯格说：“这为分流提供了更多的机会。”自 SUI 计划实施以来，该市 6 所监狱中的精神障碍患者人数显著减少。

## 建立预防数据

2018 年 10 月，宾夕法尼亚州的卫生部和惩教部以及其他政府官员在费城启动了一个资源中心，聚焦于通过研究驱动的方法帮助各县减少狱中精神障碍患者的数量。

作为 SUI 的产物，由宾夕法尼亚州犯罪和违法行为委员会建立，并由州政府委员会司法中心管理的“向上计划技术援助中心”（the Stepping Up Technical Assistant Center，SUTAC）正在利用面对面和远程培训的方式来提高县级监狱官在监狱中识别精神障碍犯人的能力。

向上计划技术援助中心还将加强数据收集，并建立一个衡量成效的基准，以跟踪人们在获得所需治疗方面的进展情况。

宾夕法尼亚州约克郡还与 SUI 合作制订了一个二级配套方案，即社区康复和分流行动（the Community Action for Recovery and Diversion，CARD）计划，该计划旨在解决约克郡在精神障碍患者和滥用药物者以及司法系统方面的系统性变化。该郡地方检察官戴夫·桑德（Dave Sunday）解释说："CARD 是一种公私合作伙伴关系，旨在将有精神健康需求和药物滥用问题的个人，从逮捕时就开始分流。"

CARD 正在扩大规模以利用现有资源，并识别其他的需求领域，以便为符合条件的滥

在俄亥俄州富兰克林县，狱中服刑的妇女正在参加一个 SUI 志愿康复项目（Pathways）（图片由向上计划提供）

用药物和患有精神障碍的犯人提供社区治疗和其他必要的服务，并使他们免于牢狱之灾。

俄亥俄州富兰克林县是SUI的另一个焦点。作为俄亥俄州人口最多的县，它展示了一个全面实施的SUI计划是如何节省资金的。据谢里·达拉斯·鲍德温（Sheri Dallas Baldwin）说，该县监狱里日常有719名精神障碍患者，只要将其中的四分之一分流出去，每月就可以节省25万美元。

已经退休的俄亥俄州最高法院的法官伊芙琳·伦德伯格·斯特拉顿（Evelyn Lundberg Stratton）也为启动这项计划出了力，她说这个做法是可行的。"你并不需要寻找新的资金，"她说，"你只需要别在会产生糟糕结果的做法上浪费钱。"

哈内伯格预计，SUI将在多年的时间内继续增长。她说："我们希望，通过我们的工具包、网络研讨会和数据收集，帮助社区了解SUI有多大益处、能产生多大的影响，以及多快就能看到成果。"

**维多利亚·A.布朗沃思（Victoria A. Brownworth）**

普利策奖提名记者，职业记者协会奖获得者。其作品曾在《纽约时报》、《洛杉矶时报》和《费城问询报》等媒体上发表，撰写和编辑了20多本书。

# BCe2：从溪水再度清澈，到社区焕发活力[①]

作者：凯尔·科沃德

（Kyle Coward）

译校：曹卓、卢萱、李慧子

美国印第安纳州南本德市的实习生首次合作，协助修复一条受污染的社区水道。该项目后来激发出了更大的改变。

如果问人们谈到印第安纳州南本德市（South Bend）第一时间会想到什么，他们可能会说圣母大学（University of Notre Dame）及其传奇的橄榄球队。但这座城市同样因其在20世纪初是一座工业强市而闻名。这里是斯蒂庞克汽车公司（Studebaker）和其他制造商的所在地，圣若瑟河（St. Joseph's River）在促进中西部城市的商业发展中扮演了重要角色。

20世纪末，美国制造业逐渐衰落，“锈带”受到重创（Rust Belt，尤指美国北部衰败或萧条的工业区），也波及了南本德市。当地经济衰退，自然环境随之恶化。这些问题对城市东南部的居民来说尤为严峻，当地工作机会减少，污染加重，房屋空置率提高，犯罪活动增加。

迦密山传教士浸信会教堂（Mount Carmel Missionary Baptist Church）的高级牧师老里卡多·泰勒（Rickardo Taylor Sr.）20多年来一直住在南本德，他说：“东南部是被遗弃

① 原文选自 *Stanford Social Innovation Review*, Winter 2020 Issue，原标题为 The Creek Will Rise。

来自民间创新中心和 BCe2 的实习生调查鲍曼溪的一处区域
（照片来自芭芭拉·约翰斯顿 / 圣母大学）

的城区，有大量吸毒场所、卖淫活动和帮派。”对于泰勒这样的居民来说，贯穿整个社区的鲍曼溪（Bowman Creek，圣若瑟河的一条支流，长约 3.2 千米）是这些困境的缩影。

“只有下雨的时候溪水才会流淌。”泰勒指出先前鲍曼溪唯一像样的部分是流经斯蒂庞克公园公共高尔夫球场附近的一小段，“社区已经被遗忘了，那条溪流也完全被遗忘了。”

鲍曼溪向北约 6.4 千米是圣母大学的校园。由于两地周边环境的落差，在一些东南部居民眼中，这段距离可能比实际更远。但随着 21 世纪第二个十年将近，圣母大学工程系的一些教师充分意识到了困扰着鲍曼溪的环境问题，并开始探索助力修复的新方法。

在 21 世纪 10 年代之前，工程系师生已经与社区组织合作进行了包括公共工程在内的各种独立项目。但几年过后，一个新想法产生了：让大学生、中学生参与进来，在学习科学、技术、工程、数学（STEM）技能后，将这些技能应用到自己的开发项目上。

鲍曼溪教育生态系统（Bowman Creek Educational Ecosystem，BCe2）项目于 2015 年启动，该项目召集了当地中学和高等教育机构、社区组织、私人和市政机构，目标是为南本德的社会、经济和环境问题提供可持续的解决方案。合作获得了社区内许多人的支持与赞赏，其中包括南本德市市长、2020 年美国总统候选人皮特·布蒂吉格（Pete Buttigieg）。

## 修复鲍曼溪

BCe2 的起源其实可以追溯到 2010 年。当时的南本德市公共工程负责人加里·吉洛特（Gary Gilot）和圣母大学工程学院副院长杰伊·布罗克曼（Jay Brockman）开展了圣母大学、南本德市、詹姆斯·惠特科姆·赖利高中（James Whitcomb Riley High School）的三边合作，共同协商解决赖利高中附近鲍曼溪的环境问题的方法。最初招募的成员包括圣母大学工程学教授阿雷祖·阿德卡尼（Arezoo Ardekani），他对水物理学的研究兴趣和对社区外展的总体兴趣，与吉洛特和布罗克曼想要解决鲍曼溪环境问题的志向一致。

“我一直想要启动一个外展项目，它不仅关注中学生教育，吸引他们进入STEM领域，还能对社会产生积极的影响。”阿德卡尼说，“当听说鲍曼溪面临的挑战时，我当即决定加入这个项目。”

2012年，阿德卡尼和她的一些学生与市里的工程师合作，教赖利公立高中的学生如何测试附近一段溪流的水质。尽管赖利高中的学生来自不同的背景，项目初始也没有资金支持，但学生的好奇心被激发了。他们提供了与此次项目匹配的研究人才库，让项目负责人看到了扩大BCe2服务范围的机遇。

布罗克曼很快意识到在初步实验的基础上进一步探索的潜力。该实验结果与2013年一项市里合作支持的鲍曼溪研究结果吻合：鲍曼溪的大肠杆菌、氨、磷含量较高。后者详细列举了修复鲍曼溪的方法。该实验如今由各参与方共同持续推进，群体的努力比一次性尝试的力量大得多。

他说：“有件大事我始终记挂在心，那就是要组建合适的团队，以及你想在团队内培养的文化。”

项目有着改善社区这一“宏大的”目标，但也要意识到项目现在的目标仍是“务实的”。BCe2需要平衡二者之间的关系。

“我们研究的这个社区早就步入了衰退，”吉洛特说，“在改变大势之前，要关注小的成就。我们不好高骛远。”

## 以社区为基础

凭借美国国家科学基金会（National Science Foundation）15000 美元和当地非营利组织 enFocus 近 20000 美元的资助，BCe2 于 2015 年作为暑期实习计划正式启动。项目有 9 名成员：实习生由当地大学生、中学生组成，参与研究制作实体和数字 3D 设计模型等 STEM 项目，并学习用无人机技术估算小溪的环境质量。

来自本地和联邦拨款的追加注资，让实习计划得以继续扩展。第二年夏天，计划再次启动，同时增加了更多项目，这也使参与的学生人数上升到 21 人。2019 年，39 名学生参与了这项为期八周的计划。

这一计划欢迎南本德以外的学生申请，主修工程或其他 STEM 学科也不是录取的强制要求。该计划既不要求候选人学业优秀，也不要求候选人有从事 STEM 领域或做 STEM 学术项目的经验。获选的人会得到暑期要进行的每个项目的概述，然后会根据对项目的兴趣及技能适用的领域，被分进一个三到四人小组。

“我们在寻找那些对社区有奉献精神，并且充分了解自己渴望加入这类项目的人。”布罗克曼说，“我们知道暑期的项目会如何进展，也知道需要组合哪些拥有不同的技能、才能和背景的人来推动进展。”

2019 年的计划中，有两个项目特别关注了鲍曼溪及周边地区的持续修复。一个项目小组与当地水资源管理公司 EmNet 以及圣母大学合作，在斯蒂庞克公园高尔夫球场的俱乐部会所楼顶上建立了气象站，气象站的数据会被传送到一个在线仪表板上，公众可以用它查看球场附近溪流的状况。此外，实习生们还在场地上发起了美化项目。他们清理了杂草、树枝和墙上的涂鸦，为种植 250 株本地花苗腾出空间。

另一个项目小组处理了与强降雨相关的问题。强降雨可能会阻塞城市下水道系统，致使雨水溢到鲍曼溪和圣若瑟河里。小组还与城市以及 EmNet 合作制造了高性价比的传感器，放置在鲍曼溪的不同地点。他们使用激光对传感器所在的鲍曼溪横截面进行勘测并收集数据。

实习生进一步利用从美国生态调查（US Ecological Survey）数据库获得的小溪统计数据，为他们建立的网站开发了一个模型，向公众提供判断水质的标准。另外，网站让参与 STEM 课程的本地中学生们了解小溪的状况与趋势，并能为自己的研究所用。

“目前还没有一项综合性尝试来专门为鲍曼溪建立一个提供溪流水质整体情况的网络，”研究鲍曼溪溪水分布的圣母大学土木工程专业大四学生芬尼安·卡瓦诺（Finnian Cavanaugh）说，“其关键在于向公众开放数据，因为还没有人真的这么做过。”

“鲍曼溪项目就是教育应有的样子。”从 2016 年开始参与计划的赖利高中教师兼 BCe2 导师塞思·庞德（Seth Ponder）说。

“这个项目有社区参与，还与专业人士建立了关系网，而且暑期结束的时候就能看到改变了。”他补充道，“你有一个可以向人炫耀的项目，它既能让社区受益，或许还能让自己的家庭受益。”

## “溪流之外”

BCe2 的发展催生了鲍曼溪修复之外的其他暑期项目。2020 年的计划包括 8 个新增项目，项目范围从小溪扩大到了东南部和整个城市。

城市东南部有一个项目，实习生为社区内一家邻里社区发展公司制订营销计划，推动居民购房。住房同时也是另一个团队项目的关注重点，该项目开展了一项致力于减少城镇住房的铅暴露的研究。

还有一个项目的实习生为了让当地一家企业遵守美国国家环境保护局（Environmental Protection Agency）下一年关于防止屋顶的暴雨积水流到地面的规定，正在研究一个高成本效益的模型。另外还有一个项目团队正在为寻求社会服务的前服刑人员研究开发应用程序。

BCe2 将关注重点拓展到东南部以外地区这一做法，催生了 2019 年制订的“西部教育生态系统”（Western Educational Ecosystem，We2）试点计划。该计划的各个团队会在城市西部启动项目。2019 年，We2 项目的实习生通过对计算机芯片的研究，创建了一个数字化口述史档案馆；他们还获得了空地，将其改造为可持续的托儿所，并为在两个社区进行的社区发展工作提供帮助。

2020 年夏天，本哈明·卡德维列（Benjamin Capdevielle）和其他三名小组成员参加了拉萨尔公园（LaSalle Park，一个低收入社区）的 We2 项目。不像大多数 BCe2 项目已经明确识别出需要实习生应对的挑战，卡德维列小组最初的工作是了解拉萨尔公园的居民，找出他们亟待解决的问题。小组成员参与了社区会议，并与居民和主要利益相关者交流后，发现人行道的质量问题让居民备受困扰。

“刚开始，我们的项目并没有什么具体方向。”市内一所私立基督教高中格林劳三一学校（Trinity School at Greenlawn）的高三学生卡德维列说，“在跟人们见过面，聊过他们希望我们做什么之后，我们明确了很多方向。”

虽然南本德的社区业主应该自己花钱维修屋外的人行道，但是拉萨尔公园的许多居民付不起翻新费用。尽管市里有支持特定社区维修的计划，但拉萨尔公园先前并不是资助对象。

卡德维列和他的团队与城市规划人员见了几次面，规划人员告诉他们，他们有城市里各社区人行道质量信息的数据库，但里面没有任何拉萨尔公园的数据。随后，规划人员邀请团队协助他们在数据库中更新拉萨尔公园的信息。团队接受了培训，随后他们根据市里设定的标准，在拉萨尔公园周边走动，用平板电脑评估人行道的质量。

“一直以来，拉萨尔公园经常被市政府忽视。”基拉·普拉蒂科（Kira Pratico）表示。她生于南本德，在佛罗里达大学（University of Florida）读大学二年级，主修商务与西班牙语双学位，是卡德维列的项目团队成员。

由于限制性居住契约（restrictive residential covenants），南本德的住房歧视现象曾经很严重。因为拉萨尔公园历来是该市的非裔美国人社区，并且建于一个有害垃圾场之上，所以这里和东南部一样都是被人忽视的地方。

虽然《1968 年公平住房法案》（Fair Housing Act of 1968）旨在纠正这类歧视行为，但是全美上下悬殊的经济差异还是无法让许多非裔和拉美裔美国人移居收入较高的社区。南本德的许多非裔美国人仍然住在城市东南部和西部等收入较低的地区，西部也是很多西班牙裔美国人聚集的地方。

普拉蒂科说，当一些同事看到自己的努力没有带来项目启动之初设想的大范围的改变时，他们很难接受。但是，她向同事强调做项目要有耐心。“或许在为期八周的工作期间，（我们的项目）没有产生直接而显著的影响力，”普拉蒂科在谈到她的团队任务时说，“但从长远来看，他们更新的数据库内容会成为议员和市里划拨资金时的凭据。”

## 搭建跨阶层的桥梁

许多与 BCe2 沟通过的本地居民都对它的使命与工作印象深刻。这其中就有一位闻名全美的南本德人——皮特·布蒂吉格市长（Mayor Pete Buttigieg），他也是 2020 年美国总统选举候选人。

“这个项目最吸引人的地方在于它打破陈规，不是传统意义上的大学服务项目。”布蒂吉格说，“多年来，虽然有大量计划带领圣母大学的学生去到市中心或城市其他地方工作，但这是我见过的第一个把社区各阶层的人聚集在一起的项目。”

和其他大学一样，圣母大学一直受到所在地居民的批评，人们认为它不够关心这个他们称为“家”的城市。这是 BCe2 遇到的一个挑战。但是，市长认为 BCe2 在缩小城市与学校之间的隔阂上取得了巨大成效。

“我认为它做的最重要的事情，是让高校一方的人不再把社区只看作服务项目。”布蒂吉格说，“他们在社区认识和共事的人确实锻炼了他们。”

BCe2 还回应了那些怀疑他们意图的居民所提出的问题。泰勒说，他起初听到许多邻

南本德市市长皮特·布蒂吉格在年度启动野餐会上欢迎 BCe2 实习生
（照片由民间创新中心提供）

居认为 BCe2 只是用来推动整个东南部非裔美国人社区士绅化的手段，并且会在士绅化过程中迫使房主离开这个地区。

“这些孩子走进大城市中破败的贫民区，并遇到了挑战。”泰勒在谈到当地居民最初的抗拒时说道。此后他成了 BCe2 导师，协助成立了与 BCe2 实习生合作过的邻近社区发展公司 466 Works。

没过多久，BCe2 的实习生就给泰勒留下了深刻印象。最终，其他居民也有了同样的感受。“那些孩子在完成分配的工作任务时从未退缩过，”泰勒说，“那些怀疑他们的人与学生有了更多接触后，发现他们并不歧视这个社区，而是希望改变社区的现状。”

泰勒等人承认，弥合居民与师生间的隔阂仍需努力，只靠 BCe2 是不行的。他们还意识到，要继续朝计划的目标努力，一定要有持续的资金支持。

“我们在获取经费上一直很顺利，”现任民间创新中心（Center of Civic Innovation，民间创新中心是圣母大学工程学院 2020 年在 BCe2 工作的基础上发起的倡议）社区管理副主任的吉洛特说，“虽然人们会资助你去证实一个想法，但是不会接着每年都资助你，让你继续做下去。”

另一个挑战是，大多数 BCe2 的活动都在学生秋季开学前的实习期进行，但是等到了秋季，学生就要继续学业了。一些仍在城里的社区合作伙伴和实习生虽然会在新学年中继续推进若干未完成的项目，但却无法像暑期项目那么投入。

2020 年夏天 BCe2 在附近的印第安纳州埃尔克哈特市发起了一个试点计划，打算在其他城镇复制它的成果。除此之外，它还希望全年都能保持暑期项目所拥有的动力。

“就像我们在各社区创造活力一样，让暑期的活力在学生开学后延续下去是很重要的。”民间创新中心研究副主任丹妮尔 · 伍德（Danielle Wood）说。

目前，鲍曼溪项目的小成就包括利用种植本地植物稳定了一段溪流的环境、预防水土流失，以及放置叉形混凝土支架，保护溪岸在洪水期间不受破坏。他们的努力还使得溪中的小龙虾大量繁殖，让这片区域在被忽视数年后变成了更宜居的地方。

BCe2 在整个东南部激励了 466 Works 等社区组织采取行动。466 Works 正与南本德市官员合作，以加大对这片区域的金融投资。

“类似的科学与工程研究项目一直吸引着我，这类研究会直接对社会产生影响。”阿德卡尼说。2014 年她从圣母大学离职来到普渡大学，任机械工程副教授。“我了解到，这对我的学生来说也同样重要。”

如果向实习生问起他们和 BCe2 一起完成的工作，他们通常会说，获得的成果要大于完成的工作本身。

“我不敢说我们有什么特别的，”卡瓦诺说，“但南本德这个城市是独一无二的。”

**凯尔·科沃德（Kyle Coward）**

驻芝加哥的社会工作者和自由作家。曾为《寻根》（*The Root*）、《芝加哥论坛报》（*Chicago Tribune*）、*JET*、《大西洋月刊》（*The Atlantic*）撰稿。

# 回收塑料能抵扣学费①

**地点**：尼日利亚

**难题**：

尼日利亚是世界上失学儿童人数最多的国家，失学儿童人数高达 1050 万。虽然尼日利亚的公立小学和初中是免费的，但由于多年来的忽视和资金不足，学校不得不在教科书、教具、校服等项目上收取费用。每学期，这些费用有 6000 ~ 20000 奈拉（16 ~ 55 美元）。然而大多数家长负担不起这笔费用，只能让孩子留在家里，或让他们辍学找工作。此外，如果学校无法收足基础费用，其运营难以为继，教学质量也会受到影响。

**解决方案**：

非营利组织“非洲清洁行动”（African Clean Up Initiative，ACI）推出了“回收支付教育计划”来解决这一问题。在该计划中，家长可以通过收集塑料袋和废弃饮用水袋，并将其回收利用，来支付孩子的部分或全部学费。家长每月两次将收集到的塑料垃圾送到学校，而 ACI 则通过与当地的社会企业合作，将收集到的塑料垃圾运送到拉各斯回收厂。这些处理回收的社会企业采用积分兑换现金和其他家庭用品的激励机制，对每位家长收集的废物分别称重，然后计算出金额，并从需缴纳的学费中扣除。社会企业为每千克塑料垃圾支付 25 奈拉（0.60 美元），而每千克塑料垃圾平均约有 28 个塑料瓶。随后，

---

① 原文选自 *Stanford Social Innovation Review*, Winter 2020 Issue，原标题为 Paying with Plastic。作者是利纳斯 · 乌阿（Linus Unah）。

它们将这笔钱支付给 ACI，后者则直接给学校打款，由学校再整理出每位学生抵扣学费的金额。

**成果**：

该项目正在拉各斯贫困街区的 5 所学校开展。约有 150 名家长报名参加了该项目，约有 1000 名学童通过该项目付清了学杂费。

**未来挑战**：

ACI 最初的目标是到 2030 年惠及至少 1 万名孩子。但由于感兴趣的人超出了他们的预期，项目创始人阿克希格贝（Alexander Akhigbe）相信他们将在“不到 5 年的时间里实现这一目标”。他唯一担心的是，回收企业无法以学校需要的速度收集废弃物，而这“拖慢了项目的步伐”。

# 一个利好农民的生态信用市场①

**地点**：美国

**难题**：

农业生产对环境有着重要影响。农民们深知靠土地吃饭有多么艰难，在当下环保与减碳议题愈发被提上日程之时更是如此。诺贝尔研究所（Noble Research Institute）的总裁兼首席执行官巴克纳担心，如果环保组织、农民、政府部门和其他相关方在讨论如何减少农业生产的生态足迹（ecological footprint）时对农民不利，且被农民视为对整个行业的攻击的话，相关工作也难以获得成功。巴克纳和他的机构一道，努力探索怎样让农民受到激励，从而自发地去保护土地和自然资源。

**解决方案**：

包括达能北美公司、嘉吉公司、通用磨坊公司、麦当劳美国公司、美国农民联盟和大自然保护协会在内的 11 个组织，共同启动了生态系统服务市场联盟（Ecosystem Services Market Consortium，ESMC)。ESMC 致力于开发一个将于 2022 年在全美范围内启动的线上交易系统。农民们通过低耕、减耕、用更富土壤生物活性和持水能力等措施改善土壤，就能换取可以售卖的生态信用。这些生态信用的买方则是那些力图实现环境目标的食品与饮料公司。智能传感器则是量化成效的关键，它能将土壤实时信息发送到智能手机或

① 原文选自 *Stanford Social Innovation Review*, Winter 2020 Issue，原标题为 A Farmer's Market。作者是莎拉·默里（Sarah Murray）。

电脑上，从而帮助农民做出更好的决定。

**成果**：

该系统将农民与农场主的可持续发展目标，与食品生产系统内的企业目标联系起来。ESMC 正在制定和试行量化、监测、报告、核实和注册信用的协议。

**未来挑战**：

ESM 需要在实践中，证明其确实对农民和农场主有益，并以此影响政府政策，从而获得政策利好和更广泛的影响。

# 五项优先领域的政府福利预算①

**地点**：新西兰

**难题：**

新西兰在多项社会治理指标上表现良好：其国民相对健康、受过良好教育，并有正常的社交生活；物质生活水平高；失业率呈下降趋势，且仅略低于4%。但与此同时，该国仍面临着重大挑战：数以万计的儿童仍生活在贫困中；许多年轻人被心理健康问题所困；家暴率在经济合作与发展组织（Organisation for Economic Co-operation and Development，OECD）国家中最为糟糕；国内的毛利人和太平洋岛屿居民在健康、教育和就业方面面临种种不公等。

**解决方案：**

新西兰总理杰辛达·阿德恩（Jacinda Ardern）与财政部长格兰特·罗伯逊（Grant Robertson）宣布了他们首项作为国家预算的福利预算。他们希望政策制定是基于对人民、社区和环境的福祉产生最大影响的因素，而非GDP等传统的经济方面的影响因素。他们的这一举措被称为“福利方法”（the Well-being Approach）。

① 原文选自 *Stanford Social Innovation Review*, Winter 2020 Issue，原标题为 The Wellbeing Budget。作者是莎拉·罗布森（Sarah Robson）。

**成果**：

在与专家和科学顾问的协商下，政府为福利预算设定了五项优先领域：支持精神健康、减少儿童贫困、提高毛利人和太平洋岛屿居民的收入、低碳排放经济的过渡，以及提高生产力。在具体预算分配上，3.2 亿新西兰元（2.02 亿美元）被用于解决家庭暴力与性别暴力。在其他方面，20 亿新西兰元（12.6 亿美元）被用于精神健康服务，5 亿新西兰元（3.15 亿美元）被用于启动改革社会保障制度。此外，2.3 亿新西兰元（1.45 亿美元）被用于鼓励可持续的土地使用，3 亿新西兰元（1.89 亿美元）被用于投资创业公司。新西兰国有铁路公司得到了 10 亿新西兰元（6.31 亿美元）的注资，破旧学校和医院的重建工作也得到了资金支持。

**未来挑战**：

新西兰政府仍然面对着处理基础设施修复等短期支出的需求，与儿童贫困和气候变化等重要的长期投资之间平衡的挑战。

# 自动素食售货机①

**地点**：美国

**难题**：

自动售货机的食物虽然不尽如人意，但至少能救急地填饱肚子。不过，其大多数产品饱和脂肪含量高，营养价值低，也不能满足素食主义者和纯素食主义者等对饮食有更多要求的食客。

**解决方案**：

美国印第安纳州韦恩堡的一个家庭试图通过创新的“素食茶点”（CPNJ）自动售货机来解决这一问题。创始人瑞莎·霍华德（Reesha Howard）和罗纳德·霍华德（Ronald Howard）表示，他们的目标是为那些有饮食限制的人提供更好的方便食品选择。该售货机提供各种素食选择，如冻干的水果和蔬菜、康普茶、碱性水、有机茶、零食组合、松脆的豆类零食、格兰诺拉饼干、有机口香糖，以及一些无麸质饮食。每台机器包含约 20 种产品，而消费者可以通过机器上的显示屏和平板电脑清楚明白地滚动浏览营养信息。

**成果**：

霍华德夫妇的第一台机器于 2019 年初在韦恩堡的杜邦医院（Dupont Hospital）投入使用。

---

① 原文选自 *Stanford Social Innovation Review*, Winter 2020 Issue，原标题为 Vegan Vending。作者是雷切尔·亨德里克斯-斯特鲁普（Rachele Hendricks-Sturrup）。

目前，他们正在研究在美国其他地区的医院和公共场所（如高中食堂）安装售货机的确切位置和数量。杜邦医院的首席执行官表示，“素食茶点”自动售货机把预防保健和食品重新联系在一起。韦恩堡市长也表示，霍华德夫妇的解决方案，能引领更健康的生活方式，从而帮助到社区里的个人和家庭。

**未来挑战**：

虽然“素食茶点”自动售货机控制着从食物选择到配送的供应链，但其所售产品中仍含有调味糖。对此，创始人夫妇表示有兴趣与行为经济学家合作，探究有技巧地排布商品对消费者购买低糖或无糖素食产品的意愿的影响机制。

# 如何看待慈善事业中的风险[①]

作者：保罗·布雷斯特（Paul Brest）
马克·沃尔夫森（Mark Wolfson）
译校：曹晶璐、丁倩茹

个人投资和基金会投资的主要区别在于，前者为个人消费提供资金，而后者为提高他人生活福祉提供资金。在这两种不同的情况下，收益和风险的相对重要性是不同的。

慈善家在提供资助时应该如何考虑风险问题？假设你的基金会专注于埃博拉病毒问题，而这种致命病毒的进化体已然出现。除了具有高度传染性外，该病毒还会迅速变异。因此，如果疫苗是只针对明年的病毒而研发的，那么后年它就会失效。

假设你的基金会愿意选择如下项目中的一个，将明年总额1000万美元的资助预算全部投入：

- 项目一：选择把所有资金都投入到防护服上，这样能够确保挽救5万人的生命。
- 项目二：选择资助疫苗研发，这样将有10%的概率可以拯救100万人的生命。但疫苗极低的成功率，也意味着有90%的概率，你将根本无法拯救任何人。

① 原文选自 *Stanford Social Innovation Review*, Winter 2020 Issue，原标题为 How to Think about Risk in Philthropy。

插图：刘易斯·斯科特（Lewis Scott）

你会如何选择?

人们通过考虑结果的潜在收益以及结果发生的可能性，凭直觉来评估日常的个人和财务决策。如果你是风险中立的，那么若有 50% 的机会赢得 2 美元，你就有可能会在一场比赛中下注 1 美元。事实上，大多数人在个人和财务决策中表现出风险厌恶，即除非有 50% 的机会赢得远远超过 2 美元的钱，否则他们不会冒着失去 1 美元的风险进行下注。

在这样的背景下，让我们来看看基金会关于埃博拉问题的决策。为疫苗研究拨款 1000 万美元，预计可挽救 10 万人的生命（100 万乘以 10%），这是将同样一笔钱拨给防护服所可以挽救的生命数量的两倍。如果你的目标是在统计学意义上最大限度地拯救生命，那么项目二会是更好的选择。

在慈善事业中，捐赠者往往对于他们应当瞄定的社会风险和回报的恰当水平感到困惑。他们告诉我们，他们应该把在个人投资决策中所具有的风险厌恶带到慈善决策中。但这其实是不对的。

## 风险厌恶背后的偏见

在个人投资中，风险厌恶是明智的，因为失去大部分金钱对你的生活质量所造成的损害远远超过净财富大量增加所带来的益处。

一般来说，额外财富或消费的边际效用是递减的。为了理解这一点，请想象一下，当你真的很饿时，吃一个汉堡会带给你多少快乐？然后再想象一下，吃第二个、第三个、第四个汉堡，你的快乐将会增加多少？吃完三个汉堡后，你会从第四个汉堡中享受到多少快乐呢？结果是，你感受到的快乐不会很多。

按照类似的思路，你可能更喜欢能确保你买到一个汉堡的投资，而不是有 50% 的机会买到四个汉堡但同时有 50% 的可能根本买不到任何汉堡的投资——尽管平均而言，风险较高的投资所买到的汉堡数量是安全投资的两倍。经济学捕捉到了这一要点，认为边际效用递减引起了风险厌恶。

现在假设你正在斟酌如何使用你的慈善预算。你的目标是拯救生命。你必须在两种策略中做出选择。

- 安全策略：把钱用于有十足把握去挽救一条生命的投资。
- 风险策略：花同样的钱，有 50% 的概率救四个人，但有 50% 的概率一个人也救不了。

我们在与慈善家和商学院学生的交谈中发现，他们中的许多人错误地选择了安全策略，部分原因是他们借鉴了自身熟悉但却并不恰当的管理投资组合的类比经验。他们用相同的方式来对待投资的可能成果（用于为个人消费提供资金），以及可能被挽救的生命。

但与消费汉堡的边际快感递减不同的是，没有什么理由认为挽救第二条、第三条、第四条生命的价值低于第一条生命。事实上，损失整个社群可能比损失个别成员更为严重。

除了与个人理财投资的错误类比之外，心理因素可能也起到了一定的作用。苏联领导人约瑟夫·斯大林掌握了一个重要的心理学洞见：一个人的死亡是悲剧，但 100 万人的死亡就是一个统计数字。研究表明，与拯救许多无法被识别的人相比，我们愿意将多得多的捐赠用于拯救一个可被明确辨识的人的生命。

人们之所以倾向于选择确定但价值较低的结果，也是因为心理学家们所说的“后悔厌恶”。如果你确实拯救了一些生命，可能永远不会回头去想，你本有可能拯救更多的生命。但如果你冒了险，却没有挽救任何生命，可能会后悔（当时）没有选择其他策略。而且人们可能预料到的不仅仅是自己的后悔，还有别人的批评。

当然，没有什么规定说你一定要优先选择拯救统计学意义上最高数量的生命。例如，假设你一想到对世界无所贡献就死去，便感到不能接受，那么可能更为看重有十足把握去挽救一个人的生命，而不是以不确定的概率去挽救许多人的生命。但至少要考虑一下，你的偏好在多大程度上是基于对财务决策的错误类比，基于心理偏见，或者基于自己或其他人对你的决定的事后评估。

## 捐赠基金策略

资助策略和捐赠基金投资策略之间的联系可能并不明显，但两者的框架却惊人地相似。

假设与应对埃博拉病毒问题的基金会一样，你的基金会的唯一目标是通过减少疾病来拯救生命。同时假设你以获救生命数量为计算标尺，拥有一个线性的偏好——也就是说，你对第二个和第三个获救的生命的重视程度与对第一个生命的重视程度完全相同。

正如我们已经讨论过的，这些偏好意味着，你应当倾向于资助有 50% 的机会拯救四个人生命（和 50% 的可能无法拯救任何人）的风险策略，而不是有十足把握拯救一个人生命的安全策略。前者的预期价值是后者的两倍。

现在假设你的基金会的投资经理面临两种投资策略的选择。一种预期年收益率为 6%，标准差（或风险）为 10%；另一种预期收益率为 10%，标准差为 20%。在以上选择中，通过追求更安全的策略可以将投资风险减半，但代价是预期财务收益减少 40%。

如果这是你的个人投资组合，你很可能会选择低风险的策略：你每多赚 1 元钱的附加值，都小于前面所赚 1 元钱对你的价值。而高风险的策略则增加了你财富大幅缩水的可能性。

但是，选择更安全的投资策略的捐赠基金管理人将无法实现基金会的愿望，即最大限度地增加预期获救生命的数量。这就要求管理人承担更大的风险以获得更高的回报，让基金会能够提供更多的资助，从而拯救更多的生命。

换句话说，投资回报本身并不具有价值。只有当你能够做点什么时，它们才是有价值的——在这种情况下提供资助，进而拯救生命。因此，如果你对拯救生命的偏好是线性的，就像你应该不愿意以牺牲统计学意义上的高量级获救生命数量为代价，来换取对低量级获救生命数量的更大确定性一样，你应该也不愿意以牺牲捐赠资产的预期收益水平为代价，来换取金融风险的降低。这样做只会确保你无法实现自己的既定目标，即最大限度地增加统计学意义上的获救生命数量。

个人投资和基金会投资的主要区别在于，前者为个人消费提供资金，而后者为提高他人生活福祉提供资金。一般而言，在这两种不同的情况下，收益和风险的相对重要性是不同的。

个人投资和基金会投资的不同之处还在于，虽然你和你的家人只能依靠你的个人投资组合，但你的基金会不太可能是应对埃博拉和其他致命疾病问题的唯一机构；其他基金会和政府也在关注同样的问题。更广大社区的风险承受能力大于任何个体行为者的风险承受能力，同时应对埃博拉病毒问题的不同机构的不同投资策略则创造了降低社会风险的多样化元素。这两方面的考虑都使得承担更大风险的投资策略成为可取的做法。

不过，你有可能需要重视基金会自身的健康发展。比如，你的基金会可能具有应对致命疾病问题的组织专长，如果在捐赠基金投资出现重大损失后解雇职员，那么这些专长就会被大大削弱。

我们在前面指出，如果一个有风险的资助策略失败了，你可能会感到遗憾，并成为被批评的对象。高风险的投资策略也是如此。事实上，你的投资人员可能会担心，一个在事前精心巧思的策略，在事后看来却显得草率鲁莽，这对他们的职业发展不利。这种担心可能会导致他们选择风险较小的投资策略来保护自己的声誉。

最后，投资人员可能会对危险性投资（jeopardizing investment）的税务处罚感到担忧——根据美国国家税务局的指导方针，它指的是“在为满足基金会长期和短期的为履行其获得税务豁免的职能而产生的财务需求时，缺乏合理的商业谨慎的投资”。对过度投资风险征税的前景让人感到遗憾，因为承担高风险的策略实际上可能会增强基金会获得税务豁免的职能。尽管如此，在决定选择别人可能认为是过高风险的投资策略之前，最好还是先咨询一下律师吧。

本文从戴维·克雷普斯（David Kreps）和詹姆斯·帕特尔（James Patell）的有益评论中收获甚多。

**保罗·布雷斯特（Paul Brest）**

斯坦福大学法学院前院长和名誉教授，也是斯坦福慈善和社会创新中心“有效慈善事业学习计划”的教务主任。2000 年至 2012 年，他曾任威廉和弗洛拉·休利特基金会（William and Flora Hewlett Foundation）主席。

**马克·沃尔夫森（Mark Wolfson）**

财富管理公司 Jasper Ridge Partners 的创始人和管理合伙人，也是 Jasper Ridge Charitable 的总裁。他是美国国家经济研究局的研究助理，也是威廉和弗洛拉·休利特基金会投资委员会的前顾问。同时，他还担任斯坦福大学商学院的兼职教授。

# 建设可持续发展领域不能太心急[1]

作者：莎拉·E.门德尔松
（Sarah E. Mendelson）
译校：赵紫贺、肖励贝、廖子烨

为了壮大推动联合国可持续发展目标的工作队伍，各基金会应该重拾几十年前所依赖的、更有耐心的方法。

在互联网时代刚来临之际，慈善事业的运作方式与今日有所不同。有关资助的消息通过美国邮政系统缓慢传播。捐助者似乎更有耐心，对即时性的项目测评不太感兴趣，而更多致力于进行长期投资，包括对人的投资。

我受益于那个时代。在 20 世纪 80 年代和 90 年代，当我还在读研究生的时候，美国主要的基金会合作共同投资于下一代学者、学术机构和思想。它们为世界级大学提供奖学金，在这些大学里，我们的交际圈不断扩大，其中包括了一些日后会成为终身朋友和导师的人；它们邀请我们参加世界各地的会议，帮助培养新的研究人员和实践者群体；它们花时间来发展专业知识，这些知识最终服务于政府内外的政策制定。它们的投资进展缓慢，但毫无疑问重振了这个研究领域，带来了新的主题和更加多样化的研究人员。

相较今日，拿起最新的《斯坦福社会创新评论》，你会看到慈善事业致力于“大冒

---

① 原文选自 *Stanford Social Innovation Review*, Winter 2020 Issue，原标题为 Building the Field of Sustainable Development。

插图：刘易斯·斯科特（Lewis Scott）

险”、“扩大规模”、“快速试错”、“速胜”、“重大挑战”和“影响力投资”。这些大而快的方法都反映了我们现在所处的时代，但它们可能并不适用于解决我们当前所面临的挑战。

例如，想想联合国的可持续发展目标（SDGs），即到2030年创造一个更加公平、更加宜居的地球的17个全球目标。如果基金会将它们在国际安全领域开展的实地建设活动应用到可持续发展中会怎样？如果作为可持续发展目标投资组合的一部分，当基金会不仅投资于速效方案，还投资于年轻人和教育机构以培养下一代专家（我称之为“2030世代”），又会怎样？

作为这一领域建设的受益者，我坚持认为，为了壮大推动可持续发展目标的工作队伍，特别是与建设和平、公正和包容社会的目标（“可持续发展目标16+议程”）相关的工作队伍，基金会应该重拾它们几十年前所依赖的方法。

## 三条经验

可持续发展目标是一个历史性的多年进程，在此之中，国际社会阐明了对于一个更广泛的可持续发展议程的需要，以及其中所蕴含的机遇。这一进程获取了来自学术界、世界各国政府、民间社会组织，尤其是数百万年轻人的投入，我和美国国务院、美国国际开发署的同事们也一起参与到了其中。（我的前辈伊丽莎白·库森斯（Elizabeth Cousens），美国首席谈判代表、美国驻联合国代表团（USUN）的成员，参与了大部分可持续发展议程的拟定过程。她也曾经从与国际安全领域相同的领域建设活动中受益，这或许并非巧合。）

与扩大国际安全领域并使之多元化的努力一样，联合国各成员国在2015年通过的可持续发展目标框架也需要在青年培训方面进行转型。我们需要一些学术项目来打破那些孤岛式的工作领域（如国际发展和国内公共政策领域）。我们早已走过了引发早期领域建设实践的后越南时代，但或许正处于一个同样严峻的地缘政治时点。当今全球秩序所面临的巨大威胁、社会内部的两极分化、开放和封闭制度之间的冲突、民主的衰落以及人权危机都可能是灾难性的。为了实现可持续发展目标，我们需要从更早、更耐心的方法中发展出雄心勃勃的新思路。

幸运的是，我们知道国际安全领域建设实践是如何开展的。在其他关于这个主题的研究中，麦克阿瑟/卡内基国际安全小组（MacArthur/Carnegie Group）支持了一项于1984年发表的有影响力的研究，该研究由福特基金会前主席麦克乔治·邦迪（McGeorge Bundy）领导开展。这份题为《做出改变：国际安全领域慈善行动的需求与机遇报告》(*To Make a Difference: A Report on Needs and Opportunities for Philanthropic Action in the Field of International Security*)的报告如今可以在洛克菲勒基金会(Rockefeller Foundation)的档案中找到。有关学者和主要基金会认为，该领域遭受了“越南战争后遗症”的影响：它不受欢迎，过于狭隘地关注大国关系，而且忽视了许多可能挑战全球安全的超越国界的力量，如被迫移徙、气候变化和技术的作用。

具体而言，国际安全领域建设实践的思想文化史凝结了三条经验，有助于培养一批在 2030 年之前及未来助力推动可持续发展目标的领导人。

**第一，重新定义可持续发展领域，是慈善事业的首要任务。**虽然全世界已经商定了 2030 年议程，但为了确保人们更好地了解可持续发展领域，仍有许多工作要做。可持续性在 20 世纪 70 年代和 80 年代主要作为一个环境问题出现，直到今天，大多数人仍将可持续性等同于对环境的关注。相比之下，可持续发展目标代表了对可持续性和发展的全面重新设想。它们具有普遍性，适用于我们所有人，因为发展无处不在；并且，它们反映了对可持续性更复杂、更深远的定义。要创建一个可持续的世界，就必须减少暴力和腐败，解决不平等问题，扩大诉诸司法的途径，禁止人口买卖。今天，可持续性不仅仅涉及能源和土地使用，正如国际安全不仅限于核武器一样。

**第二，认识到集体行动的必要性。**围绕某些可持续发展目标的行动群组(如与气候有关的)，捐助者对话和慈善的集体行动正在进行。这一进展是受欢迎的，但它还没有包括“可持续发展目标 16+ 议程”等事项。事实上，许多传统意义上资助人权工作的慈善机构已经完全停止了对人权工作的投资，或者即便继续投资，但它们的工作也已不再与可持续发展目标相一致。这样，它们就失去了扩大和更新人权及社会正义领域建设的机会。关于这一领域中的集体行动问题，邦迪报告提供了下列仍有意义的看法：

> 基金会和基金会之间，就像大学、政府，甚至个人之间那样，他们在一起工作并非一帆风顺，因为谁都想以自己的方式在某种程度上成为同行中的佼佼者。然而，有组织的慈善事业史有力地表明，尽管这种崇高的竞争是可以理解的，但基于对彼此的无知的竞争往往会导致本可避免的低效率。

**第三，耐心慈善（Patient Philanthropy）会接受长的回报周期，并关注代际变化。**今天，慈善事业的风险投资与硅谷的崛起和信息技术的全球传播同步发生。长期投资和耐心慈善在很大程度上已经让位于一种希望被视为创新的、支持快速实施的技术解决方案的渴求。但是，我们今天面临的许多与和平、正义和安全有关的问题并不能迅速或容易地得到解决。快速的慈善事业应该由对耐心慈善的重新投入来加以平衡，以解决根本性的、持久性的问题。特别要注意的是，建设一个专业领域和培养一个新的群体需要广泛的实践与耐心，以及对知识和专业发展的多维度的、接连不断的机会支持。

## 可持续发展目标领导者一代

美国一些大型基金会很可能会辩称，它们并未实质性地偏离长期投资。福特基金会总裁达伦·沃克（Darren Walker）在最近的一份通讯中指出，有必要“投资于社会进步的架构师和架构——推动变革的个人、思想和机构”。卡内基基金会则继续为大学里的学术网络和研究提供支持。毫无疑问，还有其他的例子。然而，总体而言，在一些世界领先的大学和研究机构中，为了教育下一代学者和从业者而进行的合作投资在很大程度上已经过时了。

然而，这种缓慢的、代际化的方法在 21 世纪仍然具有重要意义，即使它们不会立即产生效果。例如，一个基金会提供的一笔资助帮助我推动了对打击人口贩运的专业研究，10 多年后，我将这些专业知识用于制定美国国际开发署的新政策。最终，在我的帮助下，这个问题在70年中首次加入了联合国安理会的议程，议程以一个名叫纳迪亚·穆拉德（Nadia Murad）的年轻雅兹迪人为重点，她从“伊斯兰国”（ISIS）的奴役下幸存，并在 2018 年被授予诺贝尔和平奖，以表彰她为终止武装冲突中的性暴力而做出的努力。对年轻领导人的投资可以促成那些不会展示在仪表盘或结果框架上的成果，但会在几十年后影响美国的国内外政策。

如果各基金会转向耐心的慈善事业来推动可持续发展目标，那么它们将包括为博士奖学金和博士后奖学金提供支持，并创建研究联盟，就像它们在国际安全领域所做的那样。大学需要教授和研究可持续发展目标中所体现得更广泛的可持续发展概念，这个概念超越了狭隘的环境视角，就像国际安全这个领域超越了大国竞争和核威慑那样；而要达到这一点，可能需要来自慈善领域的一臂之力。例如，基金会可以促进下一代人权专家的培训，他们不仅会接受在该领域占主导地位的传统法律框架方面的培训，还会接受可持续发展目标力求解决的各种经济和社会权利方面的培训。

简而言之，捐助者可以帮助提高美国和世界各地的大学对可持续发展目标的认识水平。通过支持青年学者、实践者和大学之间的合作，到 2030 年，我们将有更大的机会产生“可持续发展目标效应”，而这有助于实现这些全球目标。如果行动有力，它可以促进和平、公正和包容的社会发展，而这些发展部分得益于他们支持培养的“2030世代”。

**莎拉·E.门德尔松（Sarah E. Mendelson）**

曾在奥巴马政府任内担任美国驻联合国经济及社会理事会（ECOSOC）大使，并在美国国际开发署（USAID）担任副助理署长，领导该署的民主、人权和治理工作。她目前是公共政策杰出服务教授，并担任华盛顿特区卡内基梅隆大学亨氏学院（Carnegie Mellon University’s Heinz College）院长。她是“2030世代”倡议的共同发起人，该倡议旨在释放青年的力量和潜力，推进可持续发展目标，特别是“可持续发展目标16+议程”（SDG16+）。洛克菲勒基金会与国际青年基金会即将合作提供一笔捐赠款来支持这项倡议。

# 让公民监督政府合同①

作者：穆罕默德·法拉格
（Mahmoud Farag）
译校：肖励贝、赵紫贺、丁倩茹

通过了解政府合同对日常生活的影响，公民更加意识到透明度和问责制的必要性。

政府合同比你想象得更贴近你的日常生活。你驾车行驶的道路，你频繁出入的机场，你孩子学习的教科书，公立医院病人使用的药物等，不胜枚举。这些仅是政府合同对你和全球数十亿人产生影响的几个例子。政府合同有很多成本，其中很大一部分是隐性的。每年，欧盟各国政府都要花费欧盟国内生产总值的14%，超过2万亿欧元（2.24万亿美元）的开支用于政府合同。经济合作与发展组织称，政府合同常常是跨国行贿和腐败的重灾区。到2030年，由于建筑行业的腐败、管理不善和效率低下，每年可能损失近6万亿美元。

多年来，民间社会一直致力于让政府合同透明化和可问责。2017年末，透明国际（Transparency International）及其合作伙伴开放缔约伙伴组织（Open Contracting Partnership，OCP）、基础设施透明度倡议（the Infrastructure Transparency Initiative，

① 原文选自 *Stanford Social Innovation Review*, Winter 2020 Issue，原标题为 Opening Public Contracting to Citizen Participation。

插图：刘易斯·斯科特（Lewis Scott）

CoST）、人类发展合作学院文化基金会（Hivos）、十九条约（Article 19）共同发表了《透明契约宣言》。这项成果向大众发出了行动呼吁，并为包括民间团体、政府和国际组织在内的所有对政府合同感兴趣的实践者传递了一个共同的议程。

该宣言呼吁受影响的社区进行有效和有意义地参与。1990 年以来，专家们一直领导民间社会组织在政府合同方面做出努力，然而他们优先考虑了对文件的法律和技术审查，却几乎没考虑社区参与。这是一个错误。从短期来看，公民参与提高了公民社会的民主合法性，从而给当局带来更大的压力；但从长远看，公民参与对政府合同的监督有利于提高他们的公民意识和对公共事务的兴趣，这可以缓解现今人们，尤其是年轻人，对政治漠不关心的状况。

意大利行动援助组织（ActionAid Italy）的工作，是确保透明国际及其合作伙伴在欧盟实施的众多项目之一——廉正公约项目（Integrity Pacts，IP）中的公众参与。廉正公约由欧盟委员会资助，它将政府官员、企业、非政府组织和普通公民聚集在一起，尝试建立一个“保障欧盟资金的民间监察机制”。具体而言，它正在 11 个欧盟成员国监督17个总额近10亿欧元（11亿美元）的大型政府合同，确保这些合同透明且符合公众利益。

廉正公约展示了公民参与如何推动政府合同的“透明化”。通过协助监督政府合同，公民可以重获向政府问责的权力。通过了解政府合同对日常生活的影响，公民也能进一步认识到，在廉正公约项目和政府合同之外，也需要透明度和问责制。

## 公民重新发现自己

意大利行动援助组织的经验表明，即使在最不利的条件下，公民参与也是可能的。在对腐败问题的看法上，意大利远低于欧盟的平均水平。与欧洲其他国家公民对自家政府的看法相比，意大利人认为本国政府更腐败。由于意大利深受有组织的犯罪网络对政府合同领域渗透的影响，意大利人对政治漠不关心。

2016年至2021年，作为廉正公约工作的一部分，意大利行动援助组织正在监督意大利锡巴里两个价值200万欧元（222万美元）的重要旅游项目的政府合同及其实施情况。该组织正在与两个合作伙伴共同开展这项工作：亚伯集团（Gruppo Abele），它在公民参与方面拥有超过50年的经验；Monithon，意大利一个曾获表彰的监督公共政策执行情况的倡议。这两个组织一起对公民进行政府合同方面的教育，带领他们实地考察两个项目，指导他们如何判断政府合同是否透明，应该关注哪些危险信号，并安排公民与政府官员直接会面，共同讨论这一进程。

为了让公民参与到项目中，意大利行动援助组织的工作人员做了大量的背景调查工作。他们确定了当地 300 名有兴趣监督政府合同进程的联系人，花了整整一周的时间举行会议，向人们解释项目以及公民参与者需要做什么，并且花了几个小时与感兴趣的人通电话。

为了克服不信任和冷漠，意大利行动援助组织将重点放在了建立人际关系和获得信任上。这个过程从邀请公民讨论他们的困难开始，分享他们的故事。亚伯集团社区参与经理辛齐亚·罗马（Cinzia Roma）说："建立人际关系的过程很漫长，需要耐心。"

公民通过多种形式参与到项目中。他们参加了网络研讨会，学习了关于政府合同的基础知识，并且了解了项目的发展。他们参加了"廉正学校"（integrity schools），接受了培训，并将网络研讨会中获得的知识付诸实践。能力建设项目力求让公民掌握一套基本技能，其中包括法律对透明度的要求、如何使用公开数据、如何阅读和理解采购文件、如何使用电子表格以及运用互联网和众包工具。廉正学校的参与者还和政府官员进行了会面，表达了他们的担忧，并且询问了有关政府合同施行过程的问题。他们还参与了公民监督实验室，将他们对政府合同方面了解到的信息分享给其他人。最后，他们参与了实地考察，目睹了他们的工作对现实生活的影响。

为了确保公民参与者能够遵守对两个旅游项目的执行情况进行监督的承诺，意大利行动援助组织制定了公民监督条例，界定了他们与公民参与者之间的关系，并概述了他们相互的义务和责任。例如，这些条例包括一项保密条款，因为一些获取的政府合同文件受到政府与意大利行动援助组织之间协议的限制，并且根据意大利获取信息法，公众无法获取这些文件。

公民在参与之后接受了视频采访，分享他们的经历。一位参与者说："参与这个项目之前，我不知道如何成为一个真正的公民。”另一位参与者表示：“多年来，公民一直认为公共工程毫无用处，纯粹是浪费钱。但通过接触相关文件和廉正公约的方法论，人们对正在发生的事情和政府正在做的事情有了发言权。”这些说法表明，他们参与公共事务所产生的行为变化的长期价值，将超过他们参与特定政府合同程序的短期价值。

## 民主的最佳状态

迄今为止的经验表明，让公民参与到政府合同中是值得的。事实上，参与者普遍会在之后更积极地参与到公民活动当中。一些人开始参加政治集会，另一些人参加了意大利行动援助组织关于性别暴力的运动和探讨移民与社会包容的研讨会。他们正在与意大利其他致力于提高公民积极性的协会和团体建立联系。

参与者还在继续监督其他政府合同项目。例如，为了监督当地所有的政府合同项目，两个成员目前正在与卡拉布里亚大区的保拉市政当局签署协议。还有其他参与者起草了一份将与卡拉布里亚大区的另一个城市——科森扎的省政府办公室分享协议。该协议拟在政府合同中采用廉正公约的方法，并和其他措施一起来提高为公民提供的公共服务的质量。如今，公民参与者已经展现出更大的意愿和能力来监督未来的政府合同项目。他们越来越相信，不法行为将被调查。

建立公民和公共当局之间直接互动的渠道至关重要。这样的互动和会面为公民所做的所有工作增添了人性的一面，并为双方建立信任和合作提供了机会。通过这些会面，公民可以直接听到公共当局的计划和他们所面临的挑战。当局也会听取公民的意见，因为他们代表了将从项目中受益的、更广泛的选民群体。

管理公民参与者的期望和情绪也很重要。参与者自愿贡献他们的时间和精力，希望政府合同的进程能够像预期的那样，以透明和可问责的方式向前推进。当颁布政府合同的机构没有按照廉正公约和监督协议的规定，及时给意大利行动援助组织提供对招标文件进行评论的机会时，公民可指责意大利行动援助组织在保护当局。该组织立刻对公民的关切做出反应，通过主办网络研讨会来解释与公共当局达成的协议中关于其监督作用的条款，并说明意大利行动援助组织将如何提醒当局注意他们发现的问题。

意大利行动援助组织还举办了一些社交活动。有关政府合同和文件分析的法律、技术培训可能非常枯燥，而非正式的聚会可以提升参与体验，帮助参与者相互了解，并成为志同道合的伙伴。让公民组成工作小组是十分必要的，这样一来他们就可以互相协作，调动彼此的积极性。

通过做这些工作，意大利行动援助组织为重建公民和公共当局之间的关系做出贡献。这关乎着让所有的参与者相互交流，相互倾听，相互信任，共同为公共利益而努力。它代表了民主政府的最佳状态。

**穆罕默德·法拉格（Mahmoud Farag）**

与民间社会组织合作 10 多年，并为它们提供咨询。最近一次合作是与透明国际，之前还和现在问责组织（Accountable Now）、英国援外社（CARE International UK）、拯救儿童组织（Save the Children）和国际移民组织儿童基金会（the International Organization for Migration）合作过。他目前是德国柏林洪堡大学柏林社会科学研究生院的博士生。

# 艺术家进驻地方政府能帮助创新[1]

作者：乔安娜·沃龙科维奇（Joanna Woronkowicz）
约翰·迈克尔·谢尔特（John Michael Schert）
译校：田恬、胡天韵、丁倩茹

艺术家能通过有创造力的方法解决问题，并且能够创造更具创造性的环境。“地方政府艺术家驻地计划”可以作为一种工具，去发掘艺术家适用于公共部门的技能。

1977 年，米尔勒·拉德曼·乌克勒斯（Mierle Laderman Ukeles）成为纽约市卫生部驻地艺术家。当时她并没有任何薪水。乌克勒斯自称“维修艺术家”，这个称号和她的“触摸环卫”（Touch Sanitation）项目让她一举成名。在这个项目中，她与 8500 名城市环卫工人握手，对他们说“谢谢你让纽约市保持生机勃发”，同时用照片记录下她的举动。

乌克勒斯的作品被认为既是政治性艺术，也是社会实践性艺术。政治性艺术记录了社会和政治体系，而社会实践性艺术依赖于社会参与。两者有一个共同的目标，即倡导社会变革。她的作品给了纽约市自 2015 年起实施的公共艺术家驻地计划（Public Artists in Residence，PAIR）灵感。这个计划将艺术家与纽约市政府部门匹配起来。这样一来，艺术家就可以和政府部门协同工作，从而“提出应对紧迫的城市挑战的创造性解决方案，并加以实施”。

---

① 原文选自 *Stanford Social Innovation Review*, Winter 2020 Issue，原标题为 Artists in Local Government。

插图：刘易斯·斯科特（Lewis Scott）

美国各地的城市都已经或正在启动艺术家驻地计划。他们通常让艺术家参与当地政府的项目，用他们的创造力为公共部门问题找到创新的解决方案。例如，波士顿的驻地艺术家（Artist-in-Residence，AIR）计划表示，该计划的一部分内容让艺术家“有机会交流想法并共同设计市政实践方案”。

尽管乌克勒斯为在公共部门工作的艺术家奠定了一个基础，但是批评家认为，她的作品更多的是个人艺术实践，而非关乎社会变革。这种观点绝非唯一。当前实行的地方政府艺术家驻地计划往往由于过度关注艺术家们狭义的艺术项目，而对如何实现社会变革缺乏了解。这些项目通常缺乏艺术家与公共部门工作人员直接合作解决公共部门问题的机会。

这些计划背后的动力之一，是艺术家能通过有创造力的方法解决问题，并且能够创造更具创造性的环境。如果事实如此，那么艺术家在公共部门的存在就可能会带来更多的创新。因此，地方政府应该通过实行艺术家驻地计划，让艺术家能够更直接地参与市政工作，看看他们是否能够激发创新并引发社会变革。

# 艺术家、创造力与协作

艺术家可能习惯了只通过他们的艺术媒介来发挥他们的创造力。但是最近关于艺术家与产业界配对的研究，以及艺术家驻地计划在产业界和政府中的普及程度表明，创造力是让艺术家能够跨领域工作的普遍因素。

几十年来，研究人员一直在争论创造力是局限于特定领域的还是具有普遍性的。如果创造力只局限于特定领域，那么即便艺术家在进行艺术创作时可能有创造力。相比之下，如果创造力是普遍的，那在艺术创作中拥有创造力的艺术家，也可以在另一个领域中发挥创造力。

研究人员还认识到，一个人的整体创造力受多种因素影响。目前的共识是说一些影响创造力的因素只适用于特定领域，而另一些因素则适用于多个领域，更具普遍性。

游乐园理论（Amusement Park Theoretical，APT）模型通过把创造力视作一个多层次因素，为我们提供了一个实用的框架来理解创造力如何同时具有领域特殊性和领域一般性。第一个层次包括如智力和积极性在内的一般因素。这是任何创造性领域都必需的。第二个层次包括一般的主题领域，如艺术、科学、体育和创业。第三个层次包括需要特定技能的、更具体的领域，如音乐、视觉艺术、计算机科学和心理学。第四个层次也是最后一个层次，包括涉及个人专长和专业知识的微观领域，如诗歌中的俳句、戏剧中的莎士比亚、心理学中的认知心理学。

游乐园理论模型有助于解释为什么各产业和政府通过艺术家驻地计划，试图让艺术家在非艺术环境中，帮助在此工作的其他人更具创新性。这就是说，艺术家拥有的创造力普遍因素，让他们能够跨领域工作。这些因素包括对国外环境的适应能力、自主决策和产生创意的能力、处理不确定性和不适的能力，以及偏离规范和创建新框架的意愿等。此外，艺术家可以依赖各种媒介，将特定领域的创造力因素应用到其他领域中，例如空间推理（城市规划项目的视觉艺术家咨询）和分析（舞蹈设计者与工程师共同设计公共交通系统），以及公开演讲（演员指导律师进行更有效的法庭沟通）。

艺术家跨领域工作的创造能力只是理解地方政府艺术家驻地计划激发创新模式的一部分。另一部分（或许也是更重要的部分）是艺术家与公共部门工作人员合作，找到公共部门问题的创造性解决方案的可能性。

有几种可能的机制来理解在解决问题的过程中，艺术家参与协作是否能带来更具创造性的解决方案。总的来说，对团队创造力的研究表明，团队的协同创造力可能大于个人创造力的总和，在考虑诸如团队构成和问题解决的过程时更是如此。例如，一个团队可以通过工作的多样性来增强创造力，艺术家可以通过他们拥有的不同的知识基础和解决问题的方法来做出贡献。艺术家还可以促进团队中的思辨与争论，防止群体思维受到限制，鼓励团队成员阐述想法。上述所有的方法都可以增强团队创造力。

艺术家也可以通过展示、支持和鼓励非艺术家进行创作，以成为有创造力的榜样。艺术家也可以说明冒险和接受失败的益处，营造一个有利于形成创造力的安全空间。

## 公共部门也需要创新

要想让艺术家在推动公共部门创新时发挥最大作用，仅仅允许他们参与是不够的。地方政府必须接受寻找新的方法来设计和实施政策，并通过改进产品或流程来提供服务。

虽然“创新”一词并不经常用于描述公共部门的工作，但它确实发生在地方政府的工作中。为了强调创新在公共部门中的重要性，许多市级政府设立了创新部门。此外，“创新”一词在公共部门中可能有不同的含义。私营部门的创新往往与带来经济效益有关，而公共部门的创新目标通常涵盖改善生产或提高公共服务的质量等。

将艺术家驻地计划引入地方政府是一种创新，但还不清楚如何将艺术家的能力整合并应用到公共部门的工作中。迄今为止，很少看到艺术家与公共部门的工作人员共同寻找解决公共部门问题的创新办法的例子。

尽管如此，我们仍有充分的机会去了解艺术家在解决公共部门问题中的作用。首先，现有的地方政府艺术家驻地计划可以作为一种工具，去发掘艺术家适用于公共部门的技能。考虑到这些计划大多数是新计划，所以在设计和实施方面仍然有改进的余地。这些计划可以包括初始培训期，让艺术家在特定的地方政府部门工作，以了解该部门提供公共服务的方法和程序。在初始阶段之后，艺术家可以为逻辑清晰的公共部门设置一个目标，促使相关部门给出明确的解决方案。

或者，艺术家可以匹配地方政府部门的相应创意需求，并与之合作。例如，2015 年，洛杉矶政府任命口述历史学家和艺术家阿兰·中川（Alan Nakagawa）为该市第一位创新促进者，让他帮助交通部达成在 2025 年前消除交通事故死亡的“零死亡愿景”计划（Vision Zero initiative）。中川参加了交通部的会议，帮助政府官员与公众沟通，并在提高公众意识上与当地安全倡导者合作。这类方法可以确保市民不仅关注与艺术作品相关的成果，还会关注与公共部门和政策相关的效果。

此外，研究者应该研究艺术家在公共部门创新中的作用。目前，美国国家艺术基金会和印第安纳大学－普渡大学印第安纳波利斯分校合作的艺术、创业和创新实验室正在分析公共部门合作解决问题实验的数据。这些行为实验是为了测试艺术家的加入对相关公务团队的效果，他们应联手提供创造性解决方案。再加上计划性的努力，这些实验结果有助于说明在创新方面公共部门是否应向艺术家学习。

最重要的是，艺术家与公共部门合作的互惠互利取决于是否能让艺术家和公共部门工作人员跳出规定的职业界限，从事与他们所在特定领域无关的工作。我们说艺术是普适的，但这并不意味着所有人都擅长艺术创作，而是说艺术可以普遍地应用于更广阔的领域。

我们非常感谢印第安纳大学奥尼尔公共与环境事务学院博士生杰西卡·谢罗德·黑尔（Jessica Sherrod Hal）在撰写本文时提供的研究帮助。

**乔安娜·沃龙科维奇（Joanna Woronkowicz）**

印第安纳大学布卢明顿分校奥尼尔公共与环境事务学院助理教授，同时也是文化事务中心联合创始人和主管。

**约翰·迈克尔·谢尔特（John Michael Schert）**

芝加哥大学布斯商学院首任客座艺术家和社会企业家，也是美国芭蕾舞剧院领导力实验室的创始人。

# 反思“女不如男”背后的社会建构[①]

**论文名称：**《杰出或糟糕：青春期早期卓异论的性别化社会建构》，“Brilliant or Bad: The Gendered Social Construction of Exceptionalism in Early Adolescence,” *American Sociological Review*, vol. 84, no. 3, 2019, pp. 369–393.

**论文作者：**斯坦福大学克莱曼性别研究所（Clayman Institute for Gender Research）博士后米凯拉·穆斯托（Michela Musto）

**论文概要：**当前在教育领域，平均而言女孩的成绩更高，高中毕业率也更高，女性进入大学的人数也更多。然而，从幼儿园到大学，学生们都认为男性比女性更聪明。米凯拉·穆斯托的研究聚焦学校是如何复刻这种传统的性别等级的。通过对洛杉矶一所顶尖公立学校的研究，穆斯托发现，在六年级的高级班（荣誉或进阶）课程中，有过高比例的白人或亚裔的富裕学生，老师们可以容忍男孩们违反课堂纪律，白人男孩甚至还能因打断别人而得到心照不宣的奖励。而与此同时，他们的亚裔美籍同龄人和女孩同辈则不被允许随意发言。到了八年级，学生们认为男孩更聪明，最优秀的男孩“出类拔萃”。但在六年级的低级班（标准或补习）课程中，大部分学生来自不太富裕的拉丁裔家庭，更严格的课堂环境占了上风。到了八年级，学生们认为女孩更聪明，而且女孩在公开演讲时表现得更自信，但是学生们并不认为任何女孩是“出类拔萃”的。

---

① 原文选自 *Stanford Social Innovation Review*, Winter 2020 Issue，原标题为 Brilliant Rule-Breakers。

# 可转化的草根倡导[①]

**论文名称：**《从面具背后做出改变：组织如何通过激发草根行动来挑战受到保护的习俗》，"Making Change from Behind a Mask: How Organizations Challenge Guarded Institutions by Sparking Grassroots Activism," *Academy of Management Journal*, August 15, 2019, pp. 1–67.

**论文作者：**伦敦大学学院管理学院战略与创业教授劳拉·克劳斯（Laura Claus）

剑桥大学贾奇商学院商业与组织教授保罗·特雷西（Paul Tracey）

**论文概要：**伦敦大学管理学院战略与创业教授劳拉·克劳斯和剑桥大学贾奇商学院商业与组织教授保罗·特雷西在一篇新的论文中发表了关于非政府组织如何在相对保守的政治环境中（以破除印尼童婚为例），用新策略解决社会问题的研究。论文中，两位作者描述并重现了国际儿童权利组织 ICO（化名）建立秘密联盟深入印尼高校，联合学生社团共同宣传童婚危害的实践。该组织通过看似是草根行动，但实则是隐藏在后方、经过策划的精英活动，打破了在印尼受到保护的童婚习俗。此前，组织理论家一直将"伪"草根运动，或由精英领导的自上而下的社会改革运动，和真正的草根运动区分开来。而克劳斯和特雷西的研究结果则质疑了这种理论。ICO 通过吸引当地活动家、青年团体和其他合作伙伴的参与，真实地创造了一场草根运动。由于"伪"草根运动令 ICO 培植了社会上的反对声音，并在有助于变革的各相关方间建立了关系，所以当引起争议的公共事件出现时，"伪"草根运动就成了"真"草根运动的催化剂。

---

① 原文选自 *Stanford Social Innovation Review*, Winter 2020 Issue，原标题为 Advocacy from the Shadows。

# 从《利益相关者社会》到《公共选择》：公有基础设施能为社会提供更广泛公平[1]

书评人：马克·施密特
（Mark Schmitt）
译　校：廖子烨、宋朝辉

## 《公共选择：如何扩大自由，增加机会，促进平等》

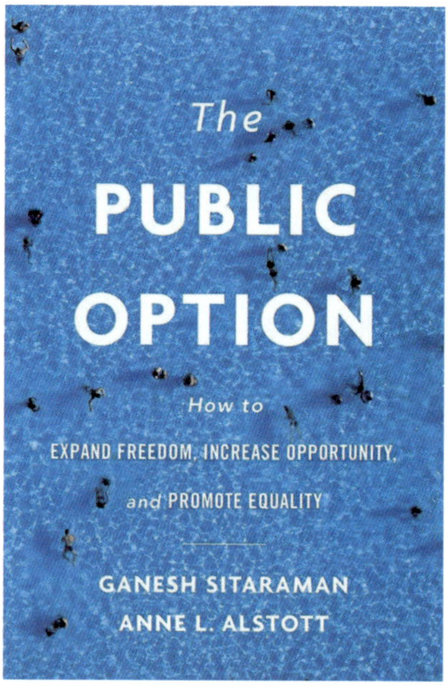


作　　者：加内什·西塔拉曼（Ganesh Sitaraman）
　　　　　安妮·阿尔斯托特（Anne L. Alstott）
页　　数：296 页
出 版 社：哈佛大学出版社
出版时间：2019 年

**编辑短评**：政府提供公共服务在大多数社会中被视为理所当然之事，然而在美国和一些西方国家的发展脉络下，政府提供服务必须要有正当理由，如公共选择的理论便是解释在什么情况下由政府提供服务会比市场来得有效率，非相关背景的国内读者往往会为此感到惊讶，然而对其他社会特殊性的理解可以让我们对自身的体制性质有更深刻的理解，不至于人云亦云。

---

① 原文选自 *Stanford Social Innovation Review*, Winter 2020 Issue，原标题为 Beyond Privatization。

在加内什・西塔拉曼（Ganesh Sitaraman）和安妮・阿尔斯托特（Anne L. Alstott）的新书中，他们将图书馆、邮局、公交地铁等公共交通都视为一种公共机构模式，认为上述服务的公有化版本可与市场化版本一同蓬勃发展，并为社会提供相较于私营部门本身而言更为广泛和公平的预期收益。

2019 年，两本颂扬公共图书馆的书在数周内相继出版，这一巧合也揭示了社会当下的精神。社会学家埃里克・克林伯格基于公共图书馆，扩展出了“社会基础设施”这一理念——视其为“一种促进公民参与和社会互动的有力方式”，而《纽约客》的作家苏珊・奥尔琳用 1986 年洛杉矶公共图书馆被大火烧毁的故事，讲述了图书馆和管理员的历史。该故事和本书共同标志着对这一具有悠久历史的公共资源的重新发现。

在克林伯格和奥尔琳深入研究公共机构的特定模式时，法律学者加内什・西塔拉曼和安妮・阿尔斯托特在他们的新书《公共选择》（*The Public Option*）中则采用了更广泛的视角。他们认为图书馆只是公共机构的一种模式，它可以与基于市场的选择（如书店）一同繁荣发展，并为社会提供相较于私营部门本身而言更为广泛和公平的预期收益。

作者写道：“公共选择无处不在，它们是我们社会中最受喜爱、最受欢迎、最重要和最有效的部分。”两位作者将公共选择背后的理论描述为“一种非常美国化的制度，在不妨碍私人供给的情况下利用公共资源”。之后，他们调查了现有方案项目中的公共选择案例，并提出了公共选择可以发挥作用的领域，如育儿领域。

自 1980 年以来，政治使得自由企业和政府部门之间形成了鲜明的对比，因此在一个包含了与私人和非营利性类似的产品选择的生态系统中，我们常常忽略了那些愉快共存的公共瑰宝，比如公共图书馆和公立学校。这些并不是所谓的“公私合营”的伙伴关系，因为在这种关系中，私营部门的赢利动机被用于为公共利益服务。它们也不是“优惠券计划”，借用罗斯福研究所（Roosevelt Institute）研究员迈克·孔扎尔的一句话，在该计划中，“政府给公民提供某种形式的优惠券或税收优惠，让他们在私营部门购买商品”。公共选择都是有明确界定的、由政府资助的实体，在大多数情况下，向所有人开放，无须进行经济状况调查（通常用于限制直接支出计划下各类细分计划的参与资格），也无须考虑以税收减免或抵免形式所获得的收益的递减效应和复杂性。

不过，没有人把图书馆称为“公共选择”。在过去的 10 年里，这个词一直与医疗改革，特别是与一种公共管理计划的想法联系在一起，希望该计划可以提供与医疗保险（Medicare）相当或更好的基础性福利。在这种背景下，公共选择通常被视为渐进式的一步，正朝着完全公共的、单一支付者医疗体系迈进，或者就是一种可疑的折中方案。在奥巴马政府执政初期，许多人希望公共选择会非常有吸引力，从而让人们摆脱私人保险，最终构建起一个单一支付者（全民医保）系统。但公共选择并没有得到足够的支持，无法被纳入《平价医疗法案》（Affordable Care Act）的最终版本。

然而今天，支持全民医保的左翼批评人士认为，公共选择是一种过于谨慎的中间立场，并得到了一些不愿一味追求理想的人的支持。在任何情况下，它本身都不被视为一个理想的目标。

西塔拉曼和阿尔斯托特将令人生畏的复杂医疗保健问题搁置一旁，直到最后的简短结尾处，他们才展开推测，将医疗保险作为一种垄断性的公共事业来进行监管，是否是公共选择的一个好的替代方案。但是，对于那些只把医疗保健公共选择视为一种迈向或者远离某个更大图景的路径的人来说，西塔拉曼和阿尔斯托特做出了重大贡献。他们将各种公共选择在具有私人、非营利和公共元素的复杂系统中所发挥的关键作用展现了出来，这些公共选择的各项功能性配置在几十年来一直稳定运转、饱受欢迎，并大获成功。

一些公共选择提供廉价的基础性选择：例如，美国邮政署就与 UPS 快递服务和其他提供定制服务的私人物流商并驾齐驱，就像邮政银行不会取代私人银行一样。在高等教育方面，公共选择确实包括一些精英院校，但其基底是由可负担的两年制和四年制院校组成，80% 以上的学生在此就读。

在其他情况下，公共选择提供了一种私人活动的框架，就像作者为退休所做的准备那样（而奥巴马政府也曾试图这样做），只是建立了一个简单而又免费的储蓄账户结构。（特朗普政府迅速地取消了这一公共选择。）在其他情况下，公共选择可以利用规模效益和成本优势来确保用其他途径都不可能达到的竞争力，从而始终能够为市场提供一个基准点。在某些市场中，这是比强力监管更为有效的确保竞争力的手段。

但这些公共选择以非常不同的方式运作，它们发挥着至关重要的作用。例如，普林斯顿大学社会学家、医疗改革专家保罗·斯塔尔所指出的，因设计的不同，公共选择可能会产生许多不同的效果：若设计成更便宜的、不那么理想的基础性选择，那么健康状况相对较差的人可能会被引导到公共选择上来，他们会相应地脱离私营部门（但由政府组织的）的健康保险市场。这样的结果意味着政府将承担更多的风险和费用，而私人保险公司却能从中获利，使得公共选择成为那些被排除在私人市场之外的人群的最后选择。另一种设计是，公共选择以更为有效的方式（无广告成本、赢利冲动和数百万美元的 CEO 薪水）提供与私营部门竞争者相同的福利，这可能使私营部门的选择变得不受欢迎且无利可图。

虽然两位作者提到了上述区别，但为了突出他们的主要观点，即在符合“公共选择”的大框架下尽可能多地呈现不同类型的项目，他们选择对不同公共项目间的区别一带而过。这一分类揭示了一个关于美国政策历史以及未来可能性的重要事实：自美国内战以来，公共选择和其他基于市场的结构所提供的公共服务，一直是每一波渐进式改革浪潮的核心。它们大多毫无争议，而又往往不为人所知，它们可以帮助我们应对未来几十年将面临的几乎所有政策挑战。

事实上，作者的观点虽然很有说服力，但也有些千篇一律。就像许多政策性的书一样，这可以是一篇专栏文章（确实如此），无非扩充增加了一些内容、规范性和脚注，但缺乏更多的洞察力、质感或张力。两位作者的语气很健谈，也很平易近人，但他们经常使用代词“我们”，这表明他们更多是出于个人的直觉，而不是基于公共选择的明确定义，在书中提到公共选择的一种特殊变体时，他们一度宣称，“我们对此很满意”，似乎这就解决了所有问题。

而更耐人寻味的问题是，为什么他们的见解会让人觉得像新闻？我们的公共对话是如何完全忽视这些在市场驱动的系统中，蓬勃发展的公共机构所扮演的角色的？似乎几十年来，整个意识形态领域的政治家和选民们都在公共和私人领域之间划定了一条清晰的界限。这种想法受到的挑战大多来自私人领域方面：社会创新被定义为利用私人动机为公共目的服务。这是大多数公私合营关系、社会影响力债券、“双重底线”企业以及扩大税收优惠政策的前提，而最终也导致了“机会领域”（opportunity zone）的失败——2017 年税收法案中的一项规定，除了为中产或富裕社区中利润丰厚的项目创造提供资本利得收入的庇护所之外，几乎没有其他作用。

公共选择的历史性成功应鼓励我们以另一种方式看待公私关系。我们应承认公共举措，特别是公共结构，可以通过确保公平，建立基于市场的问责制，并扩大覆盖面来强化基于市场的系统，而不是试图诱导私人动机去为公共目的服务。

在思考这些问题时，我想起了其中一位作者写过的一本极具启发性和令人钦佩的早期著作。1999 年，阿尔斯托特与一位高产的同事，法律理论家布鲁斯 - 阿克曼一起出版了《利益相关者社会》（*The Stakeholder Society*）一书。在那本书中，阿尔斯托特和阿克曼提议给每个年轻人 8 万美元的资助，资金主要来自财富税。阿尔斯托特和阿克曼提供了覆盖面最为广泛的“资产运动”版本，这一运动在 20 世纪 90 年代和 21 世纪初获得了一定的势头，并得到了美国两党的支持，阿尔斯托特和阿克曼强调，他们的计划只是简单地把每个人都带到同一个起跑线上，丝毫不会挑战新自由资本主义的运作。他们写道：“我们的计划通过将正义植根于资本主义首要价值——私有财产的重要性，来寻求正义。”

《利益相关者社会》和《公共选择》的观点之间并没有真正的矛盾之处。就某方面而言，《利益相关者社会》至少在资源再分配的雄心的规模上更具进步性。但其基本理论——如果每个人都能拥有适量的资本，他们就能想办法应对教育、家庭、工作、退休和不可预知的生活事件等所有挑战，现在听起来深深地带有克林顿式新自由主义自信高光时刻的味道。

《利益相关者社会》是为了给每个人提供安全的小船，让他们在资本主义经济的波涛汹涌中勇往直前，而《公共选择》则是要建立能够保证他们沿途安全的灯塔和港湾。（这不是一个随便选择的比喻，经济史学家长期争论的一个问题是：早期的“灯塔”是“公共选择”，还是由私人实体经营向用户收费。）

除这两本书外，过去20年中思想的重大转变是，人们重新认识到建立能够为人们创造机会，从而过上最充实生活的公共结构的必要性。以高等教育为例，数十年来，人们的关注点一直集中在资助计划上，如佩尔助学金和贷款；而最具创新性的思维对高等教育提出了挑战，从根源出发，扩大对院校本身的支持，以便它们能够招来自不同社会经济阶层的学生，并为他们提供支持。

对于社会和经济政策的未来，从《利益相关者社会》到《公共选择》的演变本身，比任何单独的一本书都要重要。在遭到数十年的忽视之后，重新发现公共结构在改善哪怕是基于市场的系统方面所能发挥的作用，都很可能会开启美国社会和经济政策的新时代。

**马克·施密特（Mark Schmitt）**

新美国政治改革项目主任。

# 如何评价和管理社会变革的成效①

书评人：保罗·布雷斯特（Paul Brest）

译　校：王润琼、缪可言

## 《测量社会变革：复杂世界中的成效与问责制》

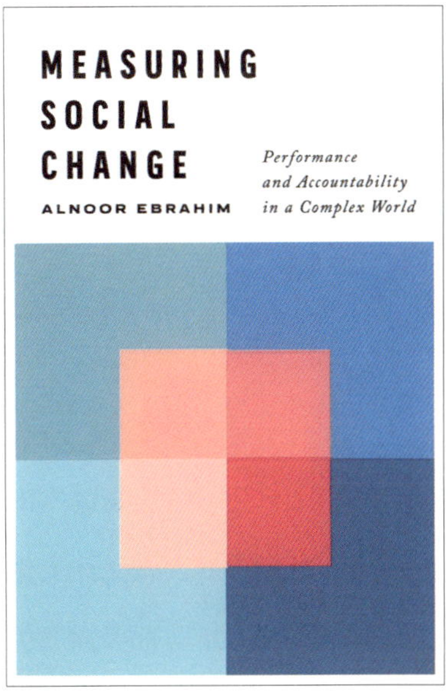


作　　者：阿尔诺·艾布拉西姆（Alnoor Ebrahim）

页　　数：320 页

出 版 社：斯坦福大学出版社

出版时间：2019 年

① 原文选自 *Stanford Social Innovation Review*, Winter 2020 Issue，原标题为 How to Measure-and Manage-Performance。

阿尔诺·艾布拉西姆（Alnoor Ebrahim）的《测量社会变革》（*Measuring Social Change*）一书为在社会部门工作的领导者们提供了评价和管理组织成效的新框架。

阿尔诺·艾布拉西姆的《测量社会变革》一书的标题让人以为这只是一本讨论如何测量社会变革的书，而实际上这本书涉及了更广泛的社会变革管理议题。书中有丰富深入的案例研究，并具有很强的可读性与趣味性。这本书根据组织的活动与成果之间的因果关系，以及组织对这些成果的控制，提出了一个用于分类和实施成效管理战略的新颖且发人深省的框架。

作为讨论艾布拉西姆观点前的背景资料，我将给出项目策略中各关键组成部分的定义。活动（activities）是一个组织做了什么；产出（outputs）是组织为受益人提供了什么；成果（outcomes）是组织的活动和产出带来了什么影响。结果包括两种类别：最终成果（ultimate outcomes），指受益人福祉的提升；中间成果（intermediate outcomes），往往指直接影响最终成果的受益人或其他人的行为变化。组织的变革理论（theory of change）形容的是从组织的活动和产出到中间成果以及最终成果的发展路径。干预措施会对组织预期成果的实现施加一定影响力（impact）。

举例来说，设想一个项目期望的最终成果是降低刑满释放人员的再犯罪率。它的一项主要活动是为目标群体匹配合适的工作。为某个人找到了一份合适的工作就是这个项目的一项产出。一位刑满释放人员获得工作机会，并得以留用则是一种可能会带来预期最终成果的中间成果。

艾布拉西姆强调的核心问题是：为了达到预期成果，非营利组织应该测量些什么。作者用经典的二乘二框架划分出四个象限，识别出在四种不同的情况下，不同的组织应该如何构建自己的成效管理体系。分析框架的两个维度是：组织活动与成果之间因果关系的不确定性，以及组织对"对获得长期成果所需的所有活动和条件"的控制能力。

艾布拉西姆发现"因果关系的高不确定性让识别哪些行为对得到预期成果是必要的"这一工作十分困难。尽管这一发现是对的，但值得注意的是，事实上由于受到外生因素的作用，所有社会干预都具有非常高的不确定性，这些外生因素包含从影响受益人行为的社会因素到包括天气和经济在内的种种影响。

在谈到对组织的控制能力时，艾布拉西姆解释说："在低控制程度的情况下，一个仅仅专注于提供高度具体的任务或产出的组织，不足以达成一个成果。""非营利组织可以尝试加大控制，"作者补充道，"使用多种干预措施可能更有助于解决社会问题，比如在职业培训的基础上加以专业咨询、岗位安置、入职后辅导等方式。"

基于在上述四象限上的位置，艾布拉西姆为处于每个象限的非营利组织提供了相应的战略管理模式：细分化（niche）、浮现式（emergent）、一体化（integrated）和生态系统式（ecosystem）管理模式。

**细分化管理策略**适用于具有低不确定性和低控制程度的非营利组织。通常在这种情况下，这类组织拥有单一策略，活动和预期成果之间有明确的因果关系，但是缺乏对成果的控制能力。作者在书中举出的典型例子是齐齐扎健康护理有限公司（Ziqitza Health Care Limited，ZHL），这是一家专为印度极度贫困人群提供应急医疗响应服务的机构。ZHL 的使命是通过快速将人们送到医院来提升目标群体的健康水平，然而该组织没有能力控制人们被送到医院后接受的医疗服务。艾布拉西姆建议 ZHL 通过建立针对自身产出的关键成效指标，有效地测量和管理组织成效。

**浮现式管理策略**适用于具有高不确定性和低控制程度的非营利组织。这类组织的活动和成果间具有复杂且模糊的关系，而且对成果几乎没有控制能力。作者使用全球研究网络“女性非正式就业：全球化与组织”（Women in Informal Employment: Globalizing and Organizing，WIEGO）作为主要案例，该网络旨在影响国际劳工组织为非正规部门的从业者制定标准。WIEGO “识别并利用环境中的机会，与关键影响人物接触，获得参加关键决策的机会……占据谈判桌上的长期席位，并持续推动更多研究和证据来改变政策与人们的观念”。WIEGO 在成效管理系统中需要持续监控主要与倡导相关的中间成果，以便让它的活动适应复杂的、由行动者组成的生态系统。

**一体化管理策略**适用于具有低不确定性和高控制程度的非营利组织。艾布拉西姆提供了阿迦汗乡村振兴计划（Aga Khan Rural Support Programme，AKRSP）通过内部多种干预方式提升印度小农户的收入水平的案例。尽管该组织的活动和成果间有清晰的因果关系，但只有将组织内部的各种活动紧密结合起来，才可以拥有对成果的控制力和影响力。AKRSP 需要同时评估产出与成果，才能提升各种干预措施和各措施间的互动。

**生态系统式管理策略**适用于具有高不确定性和高控制程度的非营利组织，这类组织活动和成果间的因果关系不明确，组织往往通过协调外部相关者的活动来实现高度的控制。艾布拉西姆列举的例子是为解决流浪人群问题的永久性住房支持项目。该项目中，有一个组织提供住房，其他组织则提供一系列配套服务措施，帮助流浪人群解决身心健康问题、吸毒问题等。华盛顿特区的非营利组织“米利亚姆的厨房”（Miriam’s Kitchen）协调各相关方紧密配合。

AKRSP 和“米利亚姆的厨房”采取不同的策略进行控制，前者促成组织内部各种活动的合作，后者则协调多个外部组织的活动。但就不确定性而言，我并没看出这两个例子的区别。在这两个案例中，组织任何单一的活动与最终成果的关系都是非常不确定的，但是内部合作或外部协调下的活动整体与最终成果的相关性大大提升了。考虑到几乎所有的社会干预都有一定的不确定性，提供永久性住房以及一系列全面的配套设施对缓解流浪人群问题的有效性，和 AKRSP 帮助提升小农户生活水平的策略实现的有效性并无差别。

这一瑕疵不会影响一个重要的贡献——作者艾布拉西姆将不确定性与控制能力作为非营利组织管理策略的关键变量。综合考虑，艾布拉西姆的观点最终体现在三个具有说服力的论点上。

第一，如果无论采用怎样的干预组合，某个社会服务型项目的干预都不能带来预期的最终成果（即在高不确定性情况下）的话，那么该项目应该被放弃。我们需要把试点和实验性项目、倡导和其他新兴的策略区别对待，因为它们的高不确定性可能会被重要的学习经验或意义非凡的成果掩盖。

第二，如果干预有可能带来预期的成果（即在低不确定性情况下），并且项目拥有对成果的足够控制能力，那么组织应该对成果（包括从受益人处取得的反馈）、活动与产出进行测量和管理。

第三，如果干预很可能带来最终成果的进展（同样是在低不确定性情况下），但是项目无法对成果具有足够的控制能力，那么组织应该主要测量和管理活动与产出，而不是成果。同时，组织同样需要向受益人寻求反馈信息。

组织不应急于假设自己对成果无法控制。例如，ZHL 可能不仅会对把客户送到某个医院这一产出负责，还会通过把他们送到有良好业务记录的医院，从而对他们的健康成果负责。正如艾布拉西姆所述，即使一个组织不具备控制能力，也可以与其他组织协作，实现对成果的更多控制。

除详细阐述分析框架之外，《测量社会变革》一书还探讨了一直困扰非营利组织的一项议题：因果分析中“归因分析”（attribution）和“贡献分析”（contribution）的区别。

理论上讲，像 ZHL、AKRSP 和“米利亚姆的厨房”的核心业务所做的那样，大多数服务型干预措施的干预效果能够通过实验、准实验、计量经济技术来进行评估，这些又被称作“归因”分析。假设有足够多的样本，我们便可以将产生效果的某种干预措施的效果从其他可能的影响因素中单独分离出来。这些技术只需要检视组织的活动及其成果，而组织的变革理论则应被当作黑匣子。

由于 WIEGO 的每项活动和成果都是独一无二的，所以归因分析并不适用于分析这种类型的倡导工作。因而，倡导策略需要使用贡献分析来研究。贡献分析从变革理论开始，尝试回答一个基于观测成果、一些可能的外生因素、富有洞见的利益相关者的观点和其他可能解释的故事是否有说服力。

艾布拉西姆准确地指出了“归因分析和贡献分析都是建立干预和成果之间因果关系

的方式”。然而，在区分两者对组织贡献的评估时，他有些含混不清。

“强调归因分析的测量方法有可能破坏生态系统中行动者的集体努力，因为它会激励组织为个体行为寻求贷款和资助（零和游戏），而不是追求互惠互利的成果（双赢游戏）。”他写道，“在这种情况下，能够让管理者和资方都受益的方式是识别出能共同作用于解决某个社会问题的一系列因素（贡献分析），而不是痴迷于分离出单个因素的影响效果，或是基于统计相关性为各个影响因素赋予权重（归因分析）。”

各组织也很容易通过讲述体现自身贡献的故事来夸大自己的功劳，就像在立法通过或官司胜利后倡导类团体时常做的那样。然而，归因分析的本质并不有助于组织“邀功”。

尽管有一些局限之处，《测量社会变革》仍为非营利组织领域的研究做出了重要贡献。它为实践者们提供了一个用以测量和管理社会变革的宝贵框架，并为该领域未来的研究制定了研究议程。

**保罗· 布雷斯特（Paul Brest）**

斯坦福大学法学院的荣休教授，斯坦福慈善与社会创新中心有效慈善学习倡议（Effective Philanthropy Learning Initiative）的联合总监。